IDEIA DE UMA HISTÓRIA UNIVERSAL DE UM PONTO DE VISTA COSMOPOLITA

Immanuel Kant

IDEIA DE UMA HISTÓRIA UNIVERSAL DE UM PONTO DE VISTA COSMOPOLITA

organização RICARDO R. TERRA
tradução RODRIGO NAVES E RICARDO R. TERRA

wmf martinsfontes

Título do original alemão do artigo de I. Kant:
IDEE ZU EINER ALLGEMEINEN GESCHICHTE
IN WELTBÜRGERLICHER ABSICHT.

1ª edição 1986 (BRASILIENSE)
4ª edição 2022

Editores *Alexandre Carrasco e Pedro Taam*
Tradução *Rodrigo Naves e Ricardo R. Terra*
Acompanhamento editorial *Diogo Medeiros*
Revisões *Maria Cecilia de Moura Madarás e Maria Luiza Favret*
Produção gráfica *Geraldo Alves*
Paginação *Renato Carbone*
Capa e projeto gráfico *Gisleine Scandiuzzi*

Dados Internacionais de Catalogação na Publicação (CIP)
(Câmara Brasileira do Livro, SP, Brasil)

Kant, Immanuel, 1724-1804.
Ideia de uma história universal de um ponto de vista cosmopolita / Immanuel Kant ; organização Ricardo R. Terra ; tradução Rodrigo Naves , Ricardo R. Terra. – 4. ed. – São Paulo : Editora WMF Martins Fontes, 2022. – (Clássicos)

Título original: Idee Zu Einer Allgemeinen Geschichte In Weltbürgerlicher Absicht
Bibliografia.
ISBN 978-85-469-0026-8

1. Filosofia alemã 2. História – Filosofia 3. História universal 4. Kant, Immanuel, 1724-1804 I. Terra, Ricardo R. II. Série.

22-98859 CDD-193

Índice para catálogo sistemático:
1. Kant : Obras filosóficas 193

Aline Graziele Benitez – Bibliotecária – CRB-1/3129

Editora WMF Martins Fontes Ltda.
Rua Prof. Laerte Ramos de Carvalho, 133 01325-030 São Paulo SP Brasil
Tel. (11) 3293-8150 e-mail: info@wmfmartinsfontes.com.br
http://www.wmfmartinsfontes.com.br

SUMÁRIO

APRESENTAÇÃO

Escrito em 1784, *Ideia de uma história universal de um ponto de vista cosmopolita* estabelece-se como o texto inaugural da filosofia da história alemã. Publicamos aqui, ao lado do texto de Kant, três artigos que pensam a problemática da filosofia da história neste filósofo. O primeiro, "Algumas questões sobre a filosofia da história em Kant", de Ricardo R. Terra, na medida em que trata da especificidade da filosofia da história kantiana em contraposição à filosofia da história cristã e à de Voltaire, e ressalta a maneira como a filosofia da história se ancora, em Kant, na antropologia política, pode servir de introdução à problemática em pauta.

Gérard Lebrun, em "Uma escatologia para a moral", aborda a filosofia da história não como uma "parte separada na filosofia kantiana, mas como um complemento indispensável da análise da moralidade".

José Arthur Giannotti aborda a questão da finalidade presente na filosofia da história – a partir do princípio de determinação completa, formulado na dialética transcendental da *Crítica da razão pura*, o texto visa desde logo apontar para certos processos de totalização que englobam o sentido da vida humana, processos estes que se distinguem da ideia de sistema desenvolvida pela razão teórica.

A tradução do texto de Kant foi realizada por Rodrigo Naves e Ricardo R. Terra, a partir do texto alemão editado por Wilhelm Weischedel (Kant – *Werke in Zwölf Bänden*, vol. XI, Frankfurt, Suhrkamp

Verlag, 1968) confrontado com o texto da Königlich Preussischen Akademie der Wissenschaften, Berlim, W. de Gruyter, 1968, e cotejado com algumas traduções.

R.R.T.

IDEIA DE UMA HISTÓRIA UNIVERSAL DE UM PONTO DE VISTA COSMOPOLITA

IMMANUEL KANT

* Uma passagem entre os breves registros do número XII da *Gothaische gelehrte Zeitungen* deste ano, que sem dúvida foi tirada de uma conversa que tive com um erudito em trânsito, obrigou-me a este esclarecimento, sem o qual aquela passagem não seria compreensível[1].

[1] O "breve registro" da *Gothaische gelehrte Zeitungen* a que Kant se refere diz: "Uma ideia cara ao senhor professor Kant é a de que o fim último da espécie humana é alcançar a mais perfeita constituição política, e ele deseja que um historiador-filósofo queira empreender uma história da humanidade deste ponto de vista, mostrando-nos o quanto a humanidade aproximou-se ou afastou-se deste fim último nas diferentes épocas, e o que é preciso fazer ainda para alcançá-lo." A *Ideia de uma história universal de um ponto de vista cosmopolita* foi publicada pela primeira vez na *Berlinische Monatsschrift* de novembro de 1784.

De um ponto de vista metafísico, qualquer que seja o conceito que se faça da *liberdade da vontade, as suas manifestações* (*Erscheinungen*) – as ações humanas –, como todo outro acontecimento natural, são determinadas por leis naturais universais. A história, que se ocupa da narrativa dessas manifestações, por mais profundamente ocultas que possam estar as suas causas, permite todavia esperar que, com a observação, em suas linhas *gerais*, do jogo da liberdade da vontade humana, ela possa descobrir aí um curso regular – dessa forma, o que se mostra confuso e irregular nos sujeitos individuais poderá ser reconhecido, no conjunto da espécie, como um desenvolvimento continuamente progressivo, embora lento, das suas disposições originais. Porque a livre vontade dos homens tem tanta influência sobre os casamentos, os nascimentos que daí advêm e a morte, eles não parecem estar submetidos a nenhuma regra segundo a qual se possa de antemão calcular o seu número. E, no entanto, as estatísticas anuais dos grandes países demonstram que eles acontecem de acordo com leis naturais constantes, do mesmo modo que as inconstantes variações atmosféricas, que não podem ser determinadas de maneira particular com antecedência, no seu todo não deixam, todavia, de manter o crescimento das plantas, o fluxo dos rios e outras formações naturais num curso uniforme e ininterrupto. Os homens, enquanto indivíduos, e mesmo povos inteiros mal se dão conta de que, enquanto perseguem propósitos particulares, cada qual buscando seu próprio proveito e frequentemente uns contra os outros, seguem inadvertidamente, como a um fio condutor, o propósito da natureza, que lhes é desconhecido, e trabalham para sua realização, e, mesmo que conhecessem tal propósito, pouco lhes importaria.

Como em geral os homens em seus esforços não procedem apenas instintivamente, como os animais, nem tampouco como razoáveis cidadãos do mundo, segundo um plano preestabelecido, uma história planificada (como é, de alguma forma, a das abelhas e dos castores) parece ser impossível. É difícil disfarçar um certo dissabor quando se observa a conduta humana posta no grande cenário mundial, e muitas vezes o que isoladamente aparenta sabedoria ao final mostra-se, no seu conjunto, entretecido de tolice, capricho pueril e frequentemente também de maldade infantil e vandalismo: com o que não se sabe ao cabo que conceito se deva formar dessa nossa espécie tão orgulhosa de suas prerrogativas. Como o filósofo não pode pressupor nos homens e seus jogos, tomados em seu conjunto, nenhum *propósito* racional *próprio*, ele não tem outra saída senão tentar descobrir, neste curso absurdo das coisas humanas, um *propósito da natureza* que possibilite todavia uma história segundo um determinado plano da natureza para criaturas que procedem sem um plano próprio. Queremos ver se conseguimos encontrar um fio condutor para tal história e deixar ao encargo da natureza gerar o homem que esteja em condição de escrevê-la segundo este fio condutor. Assim ela gerou um Kepler, que, de uma maneira inesperada, submeteu as excêntricas órbitas dos planetas a leis determinadas; e um Newton, que explicou essas leis por uma causa natural universal.

Primeira proposição

Todas as disposições naturais de uma criatura estão destinadas a um dia se desenvolver completamente e conforme um fim. Em todos os animais isto é confirmado tanto pela observação externa quanto pela interna ou anatômica. Um órgão que não deva ser usado, uma ordenação que não atinja o seu fim são contradições à doutrina teleológica da natureza. Pois, se prescindirmos desse princípio, não teremos uma natureza regulada por leis, e sim um jogo sem finalidade da natureza e uma indeterminação desconsoladora toma o lugar do fio condutor da razão.

Segunda proposição

No homem (única criatura racional sobre a Terra) *aquelas disposições naturais que estão voltadas para o uso de sua razão devem desenvolver-se completamente apenas na espécie e não no indivíduo.* Numa criatura, a razão é a faculdade de ampliar as regras e os propósitos do uso de todas as suas forças muito além do instinto natural, e não conhece nenhum limite para seus projetos. Ela, todavia, não atua sozinha de maneira instintiva mas, ao contrário, necessita de tentativas, exercícios e ensinamentos para progredir, aos poucos, de um grau de inteligência (*Einsicht*) a outro. Para isso um homem precisa ter uma vida desmesuradamente longa a fim de aprender a fazer uso pleno de todas as suas disposições naturais; ou, se a natureza concedeu-lhe somente um curto tempo de vida (como efetivamente aconteceu), ela necessita de uma série talvez indefinida de gerações que transmitam umas às outras as suas luzes para finalmente conduzir, em nossa espécie, o germe da natureza àquele grau de desenvolvimento que é completamente adequado ao seu propósito. E este momento precisa ser, ao menos na ideia dos homens, o objetivo de seus esforços, pois senão as disposições naturais em grande parte teriam de ser vistas como inúteis e sem finalidade – o que aboliria todos os princípios práticos, e com isso a natureza, cuja sabedoria no julgar precisa antes servir como princípio para todas as suas outras formações, tornar-se-ia suspeita, apenas nos homens, de ser um jogo infantil.

Terceira proposição

A natureza quis que o homem tirasse inteiramente de si tudo o que ultrapassa a ordenação mecânica de sua existência animal e que não participasse de nenhuma felicidade ou perfeição senão daquela que ele proporciona a si mesmo, livre do instinto, por meio da própria razão. A natureza não faz verdadeiramente nada supérfluo e não é perdulária no uso dos meios para atingir seus fins. Tendo dado ao homem a razão e a liberdade da vontade que nela se funda, a natureza forneceu um claro indício de seu propósito quanto à maneira de dotá-lo. Ele não deveria ser guiado pelo instinto, ou ser provido e ensinado pelo conhecimento inato; ele deveria, antes, tirar tudo de si mesmo. A obtenção dos meios de subsistência, de suas vestimentas, a conquista da segurança externa e da defesa (razão pela qual a natureza não lhe deu os chifres do touro, nem as garras do leão, nem os dentes do cachorro, mas somente mãos), todos os prazeres que podem tornar a vida agradável, mesmo sua perspicácia e prudência e até a bondade de sua vontade tiveram de ser inteiramente sua própria obra. A natureza parece ter-se satisfeito aqui com o máximo de economia e ter medido os dotes animais dos homens de maneira estrita e exata em função das maiores necessidades da existência em seus primórdios, como se ela quisesse dizer que o homem devia, se ele se elevasse um dia por meio de seu trabalho da máxima rudeza à máxima destreza e à perfeição interna do modo de pensar e (tanto quanto é possível na Terra), mediante isso, à felicidade, ter o mérito exclusivo disso e fosse grato somente a si mesmo – como se ela apontasse mais para a *autoestima* racional do que para o bem-estar. Pois neste curso das coisas humanas é toda uma multidão de dificuldades que espera o homem. Parece que a natureza não se preocupa com que ele viva bem, mas, ao contrário, com que ele trabalhe de modo a tornar-se digno, por sua conduta, da vida e do bem-estar. O que permanece estranho aqui é que as gerações passadas parecem cumprir suas penosas tarefas somente em nome das gerações vindouras, preparando para estas um degrau a partir do qual elas possam elevar mais o edifício que a natureza tem como propósito, e que somente as gerações posteriores devam ter a felicidade de habitar a obra que uma longa linhagem de antepassados (certamente sem esse propósito) edificou, sem mesmo poder participar da felicidade que preparou. E por enigmático que isto seja, é, entretanto, também necessário, quando se aceita que uma espécie animal deve ser dotada de razão e, como classe de seres racionais, todos mortais, mas cuja espécie é imortal, deve todavia atingir a plenitude do desenvolvimento de suas disposições.

Quarta proposição

O meio de que a natureza se serve para realizar o desenvolvimento de todas as suas disposições é o antagonismo *delas na sociedade, na medida em que ele se torna ao fim a causa de uma ordem regulada por leis desta sociedade.* Eu entendo aqui por antagonismo a *insociável sociabilidade* dos homens, ou seja, sua tendência a entrar em sociedade que está ligada a uma oposição geral que ameaça constantemente dissolver essa sociedade. Esta disposição é evidente na natureza humana. O homem tem uma inclinação para *associar-se* porque se sente mais como homem num tal estado, pelo desenvolvimento de suas disposições naturais. Mas ele também tem uma forte tendência a *separar-se* (isolar-se), porque encontra em si ao mesmo tempo uma qualidade insociável que o leva a querer conduzir tudo simplesmente em seu proveito, esperando oposição de todos os lados, do mesmo modo que sabe que está inclinado a, de sua parte, fazer oposição aos outros. Esta oposição é a que, despertando todas as forças do homem, o leva a superar sua tendência à preguiça e, movido pela busca de projeção (*Ehrsucht*), pela ânsia de dominação (*Herrschsucht*) ou pela cobiça (*Habsucht*), a proporcionar-se uma posição entre companheiros que ele não *atura* mas dos quais não pode *prescindir*. Dão-se então os primeiros verdadeiros passos que levarão da rudeza à cultura, que consiste propriamente no valor social do homem; aí desenvolvem-se aos poucos todos os talentos, forma-se o gosto e tem início, através de um progressivo iluminar-se (*Aufklärung*), a fundação de um modo de pensar que pode transformar, com o tempo, as toscas disposições naturais para o discernimento moral em princípios práticos determinados e assim finalmente transformar um acordo extorquido *patologicamente* para uma sociedade em um todo *moral*. Sem aquelas qualidades da insociabilidade – em si nada agradáveis –, das quais surge a oposição que cada um deve necessariamente encontrar às suas pretensões egoístas, todos os talentos permaneceriam eternamente escondidos, em germe, numa vida pastoril arcádica, em perfeita concórdia, contentamento e amor recíproco: os homens, de tão boa índole quanto as ovelhas que apascentam, mal proporcionariam à sua existência um valor mais alto do que o de seus animais; eles não preencheriam o vazio da criação em vista de seu fim como natureza racional. Agradeçamos, pois, à natureza a intratabilidade, a vaidade que produz a inveja competitiva, pelo sempre insatisfeito desejo de ter e também de dominar! Sem eles todas as excelentes disposições naturais da humanidade permaneceriam sem desenvolvimento num sono eterno. O homem quer a concórdia, mas a natureza sabe mais o que é melhor para a espécie: ela quer a discórdia. Ele quer viver cômoda e prazerosamente, mas a natureza quer que ele abandone a indolência e o contentamento ocioso e lance-se ao trabalho e à fadiga, de modo a conseguir os meios que ao fim o livrem inteligentemente dos últimos. Os impulsos naturais que conduzem a isto, as fontes da insociabilidade e da oposição geral, de que advêm tantos males, mas que também impelem a uma tensão renovada das forças e a um maior desenvolvimento das disposições naturais, revelam também a disposição de um criador sábio, e não a mão de um espírito maligno que se tenha intrometido na magnífica obra do Criador ou a estragado por inveja.

Quinta proposição

O maior problema para a espécie humana, a cuja solução a natureza a obriga, é alcançar uma sociedade civil *que administre universalmente o direito.* Como somente em sociedade e a rigor naquela que permite a máxima liberdade e, consequentemente, um antagonismo geral de seus membros e, portanto, a mais precisa determinação e resguardo dos limites desta liberdade – de modo a poder coexistir com a liberdade dos outros; como somente nela o mais alto propósito da natureza, ou seja, o desenvolvimento de todas as suas disposições, pode ser alcançado pela humanidade, a natureza quer que a humanidade proporcione a si mesma este propósito, como todos os outros fins de sua destinação: assim uma sociedade na qual a *liberdade sob leis exteriores* encontra-se ligada no mais alto grau a um poder irresistível, ou seja, uma *constituição civil* perfeitamente *justa* deve ser a mais elevada tarefa da natureza para a espécie humana, porque a natureza somente pode alcançar seus outros propósitos relativamente à nossa espécie por meio da solução e cumprimento daquela tarefa. É a necessidade que força o homem, normalmente tão afeito à liberdade sem vínculos, a entrar neste estado de coerção; e, em verdade, a maior de todas as necessidades, ou seja, aquela que os homens ocasionam uns aos outros e cujas inclinações fazem com que eles não possam viver juntos por muito tempo em liberdade selvagem. Apenas sob um tal cerco, como o é a união civil, as mesmas inclinações produzem o melhor efeito: assim como as árvores num bosque, procurando roubar umas às outras o ar e o sol, impelem-se a buscá-los acima de si, e desse modo obtêm um crescimento belo e aprumado, as que, ao contrário, isoladas e em liberdade, lançam os galhos a seu bel-prazer, crescem mutiladas, sinuosas e encurvadas. Toda cultura e toda arte que ornamentam a humanidade, a mais bela ordem social são frutos da insociabilidade, que por si mesma é obrigada a se disciplinar e, assim, por meio de um artifício imposto, a desenvolver completamente os germes da natureza.

Sexta proposição

Este problema é, ao mesmo tempo, o mais difícil e o que será resolvido por último pela espécie humana. A dificuldade que a simples ideia dessa tarefa coloca diante dos olhos é que o homem é um *animal* que, quando vive entre outros de sua espécie, *tem necessidade de um senhor.* Pois ele certamente abusa de sua liberdade relativamente a seus semelhantes; e, se ele, como criatura racional, deseja uma lei que limite a liberdade de todos, sua inclinação animal egoísta o conduz a excetuar-se onde possa. Ele tem necessidade de um *senhor* que quebre sua vontade particular e o obrigue a obedecer à vontade universalmente válida, de modo que todos possam ser livres. Mas de onde tirar esse senhor? De nenhum outro lugar senão da espécie humana. Mas este é também um animal que tem necessidade de um senhor. Seja qual for o começo, não se vê como o homem pode se dar, para estabelecer a justiça pública, um chefe que também seja justo – ele pode procurá-lo numa única pessoa ou num grupo de pessoas escolhidas para isso. Pois todos eles abusarão sempre de sua liberdade, se não tiverem acima de si alguém que exerça o poder segundo as leis. O supremo chefe deve ser justo *por si mesmo* e todavia ser um homem. Esta tarefa é, por isso, a mais difícil de todas; sua solução perfeita é impossível: de uma madeira tão retorcida, da qual o homem é feito, não se poder fazer nada reto. Apenas a aproximação a esta ideia nos é ordenada pela natureza*. Que ela seja aquela que será realizada por último decorre disto: que ela exige conceitos exatos da natureza de uma constituição possível, grande experiência adquirida através dos acontecimentos do mundo e, acima de tudo, uma boa vontade predisposta a aceitar essa constituição – estes três pontos, todavia, muito dificilmente podem ser encontrados juntos e, quando isto acontece, ocorre somente muito tarde, após muitas tentativas frustradas.

Sétima proposição

O problema do estabelecimento de uma constituição civil perfeita depende do problema da relação externa legal entre Estados, e não pode ser resolvido sem que este último o seja. Para que serve trabalhar para uma constituição civil conforme leis entre indivíduos, ou seja, na ordenação de uma república (*gemeines Wesen*)? A mesma insociabilidade que obrigou os homens a esta tarefa é novamente a causa de que cada república, em suas relações externas – ou seja, como um Estado em relação a outros Estados –, esteja numa liberdade irrestrita, e consequentemente deva esperar do outro os mesmos males que oprimiam os indivíduos e os obrigavam a entrar num estado civil conforme leis. A natureza se serviu novamente da incompatibilidade entre os homens, mesmo entre as grandes sociedades e corpos políticos desta espécie de criatura, como um meio para encontrar, no seu inevitável antagonismo, um estado de tranquilidade e segurança; ou seja, por meio de guerras, por meio de seus excessivos e incessantes preparativos, por meio da miséria, advinda

* O papel do homem é muito artificial. Não sabemos o que ocorre com os habitantes de outros planetas e qual a sua natureza; mas, se cumprirmos bem esta missão da natureza, podemos nos orgulhar de pretender afirmar uma posição não inferior à dos nossos vizinhos no edifício do mundo. Talvez entre eles cada indivíduo possa alcançar plenamente sua destinação em vida. Entre nós não ocorre assim – somente a espécie pode esperar isso.

deles, que todo Estado finalmente deve padecer no seu interior, mesmo em tempo de paz, a natureza impele a tentativas inicialmente imperfeitas, mas finalmente, após tanta devastação e transtornos, e mesmo depois do esgotamento total de suas forças internas, conduz os Estados àquilo que a razão poderia ter-lhes dito sem tão tristes experiências, a saber: sair do Estado sem leis dos selvagens para entrar numa federação de nações em que todo Estado, mesmo o menor deles, pudesse esperar sua segurança e direito não da própria força ou do próprio juízo legal, mas somente desta grande confederação de nações (*Foedus Amphictyonum*) de um poder unificado e da decisão segundo leis de uma vontade unificada. Tão fantástica (*schwärmerisch*) quanto esta ideia possa parecer, e embora, enquanto tal, se preste ao riso no Abbé de Saint-Pierre ou em Rousseau (talvez porque eles acreditassem na realização demasiado próxima dela), é a saída inevitável da miséria em que os homens se colocam mutuamente e que deve obrigar os Estados à mesma decisão (ainda que só a admitam com dificuldade) que coagiu tão a contragosto o homem selvagem, a saber: abdicar de sua liberdade brutal e buscar tranquilidade e segurança numa constituição conforme as *leis*. Todas as guerras são, assim, tentativas (não segundo os propósitos dos homens, mas segundo os da natureza) de estabelecer novas relações entre os Estados e, por meio da destruição ou ao menos pelo desmembramento dos velhos*, formar novos corpos que porém, novamente, ou em si mesmos ou na relação com os outros, não podem manter-se, e por isso precisam enfrentar novas revoluções semelhantes; até que finalmente, em parte por meio da melhor ordenação possível da constituição civil, internamente, em parte por meio de um acordo e de uma legislação comuns, exteriormente, seja alcançado um Estado que, semelhante a uma República (*gemeines Wesen*) civil, possa manter-se a si mesmo como um autômato.

Se se deve esperar de um concurso *epicurista* de causas eficientes que os Estados, como as partículas da matéria, experimentem por meio de choques ocasionais todos os tipos de configuração, que

* Seguimos aqui a versão da edição da Königlich Preussischen Akademie der Wissenschaften, e não a edição de Wilhelm Weischedel, onde se lê "aller", em vez de "alter". (N. do T.)

por meio de outras colisões serão novamente destruídos, até que por fim se alcance *acidentalmente* uma configuração que se possa manter em sua forma (um feliz acaso que dificilmente acontecerá!); ou se se deve aceitar antes que a natureza siga aqui um curso regular para conduzir a nossa espécie aos poucos de um grau inferior de animalidade até o grau supremo de humanidade, por meio de uma arte que lhe é própria, embora extorquida do homem, e desenvolver de maneira bem regular nessa ordenação aparentemente selvagem aquelas disposições originais; ou se se quer, ao contrário, que de todas as ações e reações do homem não advenha, no conjunto, nada em parte alguma, ao menos nada de sábio, que tudo ficará como era, e não se poderá predizer disto se a discórdia, tão natural em nossa espécie, prepara-nos ao fim um inferno de males, mesmo num Estado tão civilizado, e talvez destrua novamente este mesmo Estado e todos os progressos culturais realizados até aqui por meio de uma devastação bárbara (um destino no qual não se pode evitar o governo do cego acaso, o qual de fato se identifica com a liberdade sem lei, se não se a submete ao fio condutor da natureza secretamente ligado à sabedoria!) – tudo leva aproximadamente à seguinte questão: será mesmo racional aceitar a finalidade das disposições naturais em suas partes e, no entanto, a ausência de finalidade no todo? O que o Estado sem finalidade dos selvagens fez – ou seja, entravou todas as disposições naturais em nossa espécie, mas finalmente, por meio dos males, onde ele a colocou, obrigou-a a sair desse Estado e entrar na constituição civil, na qual todos aqueles germes podem ser desenvolvidos –, faz também a liberdade bárbara dos Estados já constituídos, a saber: que por meio do emprego de todas as forças das repúblicas (*gemeines Wesen*) em se armar umas contra as outras, que por meio das devastações ocasionadas pelas guerras, mas ainda mais por meio da necessidade permanente de estar de prontidão, na verdade impede-se o pleno desenvolvimento das disposições naturais em seu progresso, mas, por outro lado, também os males que surgem daí obrigam nossa espécie a encontrar uma lei de equilíbrio para a oposição em si mesma saudável, nascida da sua liberdade, entre Estados vizinhos, e um poder unificador que dê peso a esta lei, de modo a introduzir um Estado cosmopolita de segurança pública entre os Estados – que não elimine todo *perigo*, para que as forças da humanidade não adormeçam, mas que também não careça de um princípio de *igualdade* de suas *ações e reações* mútuas, a fim de que não se destruam uns aos outros. Antes que este último passo aconteça (ou seja, a união dos Estados), quase somente na metade do seu desenvolvimento, a natureza humana padece do pior dos males, sob a aparência enganosa do bem-estar exterior; e Rousseau não estava tão errado ao preferir o Estado dos selvagens, se se deixar de lado este último degrau que nossa espécie ainda tem que galgar. Mediante a arte e a ciência, somos *cultivados* em alto grau. Somos *civilizados* até a saturação por toda espécie de boas maneiras e decoro sociais. Mas ainda falta muito para nos considerarmos *moralizados*. Se, com efeito, a ideia de moralidade pertence à cultura, o uso, no entanto, desta ideia, que não vai além de uma aparência de moralidade (*Sittenähnliche*) no amor à honra e no decoro exterior, constitui apenas a civilização. Mas enquanto os Estados empregarem todas as suas forças em propósitos expansionistas ambiciosos e violentos, impedindo assim continuamente o lento esforço de formação interior do modo de pensar de seus cidadãos, privando-os mesmo de qualquer apoio neste propósito, nada disso pode ser esperado, porque para isto requer-se um longo trabalho interior de cada república (*gemeines Wesen*) para a formação de seus cidadãos. Mas todo bem que não esteja enxertado numa intenção moralmente boa não passa de pura aparência e cintilante miséria. O gênero humano permanecerá neste Estado até que, por seu esforço, do modo como foi dito por mim, saia do estado caótico em que se encontram as relações entre os Estados.

Oitava proposição

Pode-se considerar a história da espécie humana, em seu conjunto, como a realização de um plano oculto da natureza para estabelecer uma constituição política (Staatsverfassung) *perfeita interiormente e, quanto a este fim, também exteriormente perfeita, como o único estado no qual a natureza pode desenvolver plenamente, na humanidade, todas as suas disposições.* Esta proposição é uma consequência da anterior. Vê-se que a filosofia também pode ter seu quiliasmo, mas para o advento deste a sua ideia, ainda que somente de muito longe, pode tornar-se mesmo favorável. Ele não é nada menos que fantástico (*schwärmerisch*). O problema está em saber se a experiência revela algo de um tal curso do propósito da natureza. Digo que muito pouco, pois este ciclo parece exigir tanto tempo para cumprir-se que, deste ponto de vista, a pequena parte que a humanidade percorreu permite determinar somente de maneira muito incerta a forma de sua trajetória e a relação das partes com o todo, e o mesmo ocorre se quisermos determinar, a partir das observações do céu feitas até aqui, o curso do nosso sol junto com todo o cortejo de seus satélites no grande sistema de estrelas fixas – entretanto o princípio geral da constituição sistemática da estrutura do mundo e o pouco que se observou bastam para concluir com segurança a respeito da realidade de um tal ciclo. Ademais, a natureza humana não se mostra indiferente ante a mais longínqua época que nossa espécie deve alcançar, desde que ela possa ser esperada com segurança. Principalmente no nosso caso não deve ocorrer a indiferença, já que parece que podemos, por meio de nossa própria disposição racional, acelerar o advento de uma era tão feliz para os nossos descendentes. Graças a isso, o mais leve sinal de sua aproximação torna-se muito importante para nós. Atualmente os Estados se encontram numa relação tão artificial entre si que nenhum deles pode negligenciar a cultura interna sem perder em poder e influência diante dos outros; assim os propósitos ambiciosos asseguram bem, se não o progresso, ao menos a manutenção dessa finalidade da natureza. Mais ainda: a liberdade civil hoje não pode mais ser desrespeitada sem que se sintam prejudicados todos os ofícios, principalmente o comércio, e sem que por meio disso também se sinta a diminuição das forças do Estado nas relações externas. Mas aos poucos esta liberdade se estende. Se se impede o cidadão de procurar seu bem-estar por todas as formas que lhe agradem, desde que possam coexistir com a liberdade dos outros, tolhe-se assim a vitalidade da atividade geral e com isso, de novo, as forças do todo. Por isso as restrições relativas à pessoa em sua conduta são paulatinamente retiradas e a liberdade universal de religião é concedida; e assim surge aos poucos, em meio a ilusões e quimeras inadvertidas, o Iluminismo (*Aufklärung*) como um grande bem que o gênero humano deve tirar mesmo dos propósitos de grandeza egoísta de seus chefes, ainda quando só tenham em mente suas próprias vantagens. Mas este Iluminismo, e com ele também um certo interesse do coração que o homem esclarecido (*aufgeklärt*) não pode deixar de ter em relação ao bem, que ele concebe perfeitamente, precisa aos poucos ascender até os tronos e ter influência mesmo sobre os princípios de governo. Ainda que, por exemplo, aos atuais governantes do mundo não sobre até hoje nenhum dinheiro para os estabelecimentos públicos de ensino e em geral para tudo o que tange ao aperfeiçoamento do mundo, porque tudo já está comprometido de antemão com as futuras guerras, mesmo assim eles acharão vantajoso não impedir os esforços particulares, ainda que débeis e vagarosos, de seus povos, ao menos neste aspecto. Por fim, a guerra torna-se aos poucos não somente tão sofisticada e de desenlace tão incerto para ambas as partes, mas também, por suas consequências nefastas – que o Estado experimenta como uma dívida sempre crescente (uma nova invenção), cuja amortização torna-se imprevisível –, transforma-se numa empresa muito delicada, de onde a influência tão notável que os abalos em um Estado produzem em todos os outros Estados em nossa parte do mundo tão ligada pela indústria: assim, pressionados por seu próprio risco, embora sem consideração legal, eles se oferecem como árbitros e desse modo preparam com antecedência um futuro grande corpo político (*Staatskörper*), do qual o passado não deu nenhum exemplo. Embora este corpo político (*Staatskörper*) por enquanto seja somente um esboço grosseiro, começa a despertar em todos os seus membros como que um sentimento: a importância da manutenção do todo; e isto traz a esperança de que, depois de várias revoluções e transformações, finalmente poderá ser realizado um dia aquilo que a natureza tem como propósito supremo, um Estado cosmopolita universal, como o seio no qual podem se desenvolver todas as disposições originais da espécie humana.

Nona proposição

Uma tentativa filosófica de elaborar a história universal do mundo segundo um plano da natureza que vise à perfeita união civil na espécie humana deve ser considerada possível e mesmo favorável a este propósito da natureza. É um projeto estranho e aparentemente absurdo querer redigir uma *história* (*Geschichte*) segundo uma ideia de como deveria ser o curso do mundo, se ele fosse adequado a certos fins racionais – tal propósito parece somente poder resultar num romance. Se, entretanto, se pode aceitar que a natureza, mesmo no jogo da liberdade humana, não procede sem um plano nem um propósito final, então esta ideia poderia bem tornar-se útil; e mesmo se somos míopes demais para penetrar o mecanismo secreto de sua disposição, esta ideia poderá nos servir como um fio condutor para expor, ao menos em linhas gerais, como um *sistema*, aquilo que de outro modo seria um *agregado* sem plano das ações humanas. Pois, se partirmos da história grega, como aquela em que se conservam todas as outras histórias que lhe são anteriores ou contemporâneas, ou ao menos a que garante a sua autenticidade*; se perseguirmos sua influência sobre a formação e degeneração (*Missbildung*) do corpo político (*Staatskörper*) do povo romano, que absorveu o Estado grego, e a influência dos romanos sobre os *bárbaros*, que por sua vez os destruíram, até os nossos dias; e se acrescentarmos *episodicamente* a história política de outros povos tal como seu conhecimento chegou pouco a pouco até nós justamente por meio destas nações esclarecidas (*aufgeklärt*) – descobriremos um curso regular de aperfeiçoamento da constituição política (*Staatsverfassung*) em nossa parte do mundo (que provavelmente um dia dará leis a todas as outras). Consideremos em todas as partes apenas a

* Somente um *público instruído*, que persistiu de seu começo até nós ininterruptamente, pode garantir a autenticidade da história antiga. Fora dele, tudo é *terra incógnita*, e a história dos povos que viveram fora dele só pode começar no momento em que aí entraram. Isto aconteceu com o povo judeu à época de Ptolomeu, por meio da tradução grega da Bíblia, sem a qual se daria pouco crédito aos relatos *isolados* sobre ele. A partir daí (se este começo tiver sido devidamente estabelecido) pode-se remontar às suas narrativas. E assim com todos os outros povos. A primeira página de Tucídides (diz Hume) é o único começo de toda verdadeira história.

constituição civil e suas leis e a relação entre os Estados, e veremos que ambos, pelo bem que contêm, serviram por um certo tempo para elevar e glorificar os povos (e com eles também as artes e as ciências), mas, por meio dos vícios que lhes estão ligados, tornam a destruí-los, porém de tal modo que sempre permaneceu um germe do Iluminismo que, desenvolvendo-se mais a cada revolução, preparou um grau mais elevado de aperfeiçoamento. Descobre-se assim, creio, um fio condutor que pode servir não apenas para o esclarecimento do tão confuso jogo das coisas humanas ou para a arte de predição política das futuras mudanças estatais (*Staatsveränderungen*) (um uso que já era feito de outro modo da história dos homens, mesmo quando se a considerava como o efeito desconexo de uma liberdade sem regras!), mas que abre também (o que, com razão [*Grund*], não se pode esperar sem pressupor um plano da natureza) uma perspectiva consoladora para o futuro, na qual a espécie humana será representada num porvir distante em que ela se elevará finalmente por seu trabalho a um estado no qual todos os germes que a natureza nela colocou poderão desenvolver-se plenamente e sua destinação aqui na Terra ser preenchida. Uma tal *justificação* da natureza – ou melhor, da *Providência* – não é um motivo de pouca importância para escolher um ponto de vista particular para a consideração do mundo. De que serve enaltecer a magnificência e a sabedoria da criação num reino da natureza privado de razão, de que serve recomendar a sua observação, se a parte da vasta cena da suprema sabedoria que contém o fim de todas as demais – a história do gênero humano – deve permanecer uma constante objeção cuja visão nos obriga a desviar os olhos a contragosto e a desesperar de encontrar um propósito racional completo, levando-nos a esperá-lo apenas em um outro mundo?

Seria uma incompreensão do meu propósito considerar que, com esta ideia de uma história do mundo (*Weltgeschichte*), que de certo modo tem um fio condutor *a priori*, eu quisesse excluir a elaboração da história (*Historie*) propriamente dita, composta apenas empiricamente; isto é somente um pensamento do que uma cabeça filosófica (que, de resto, precisaria ser muito versada em história) poderia tentar ainda de outro ponto de vista. Além disso, o louvável cuidado com os detalhes com que se escreve a história de seu tempo deve levar cada um naturalmente à seguinte inquietação: como nossos descendentes longínquos irão arcar com o fardo da história que nós lhes deixaremos depois de alguns séculos. Sem dúvida eles avaliarão a história dos tempos mais antigos, da qual os documentos poderiam estar perdidos há muito, somente do ponto de vista daquilo que lhes interessa, ou seja, o que povos e governos fizeram de positivo e prejudicial de um ponto de vista cosmopolita. Prestar atenção nisto, bem como na ambição dos chefes de Estado e também na de seus servidores, para indicar-lhes o único meio em que sua lembrança gloriosa possa ser levada à mais distante posteridade, pode fornecer além disso mais um *pequeno* motivo para a tentativa de uma tal história filosófica.

ALGUMAS QUESTÕES SOBRE A FILOSOFIA DA HISTÓRIA EM KANT

Ricardo Ribeiro Terra

No século XVIII a filosofia da história se constitui no confronto de uma concepção linear de história com outra cíclica. A noção de progresso torna-se mais precisa e englobante à medida que a concepção linear da história suplanta a cíclica. A ideia de tempo desenvolvida pelo cristianismo (de outra forma já presente no judaísmo), juntamente com a da redenção, abre a possibilidade de pensar os acontecimentos, como o fez Santo Agostinho, fora do esquema do eterno retorno. Deste modo Adorno pôde escrever: "A grandeza da doutrina agostiniana consiste em haver sido a primeira. Ela traz em si todos os abismos da ideia de progresso e pretendeu dominá-los teoricamente. A estrutura de sua doutrina expressa cruamente o caráter antinômico do progresso. Em Santo Agostinho, como depois outra vez no auge da filosofia da história secular a partir de Kant, o antagonismo está já no centro daquele movimento histórico que, enquanto dirigido para o reino celeste, seria o progresso – este movimento histórico é, para ele, a luta entre o terreno e o celeste"[1]. Santo Agostinho e Kant constituem dois marcos na reflexão sobre a história, e em ambos o antagonismo é um elemento básico para se pensar o progresso. O antagonismo, entretanto, será radicalmente diferente nos dois; em Kant tendo a ver com sua concepção do homem (os conflitos entre as tendências diversas em cada homem e

[1] Adorno, T. W., "Fortschritt", *in Stichworte*, Gesammelte Schriften, vol. 10.2, Frankfurt, Suhrkamp, 1977, p. 621.

dos homens entre si) e não com a relação entre o secular e o divino. Santo Agostinho inaugura uma forma de pensar os acontecimentos num tempo contínuo[2], a humanidade redimida por Cristo marcha para o reino celeste; afasta-se, pois, da concepção circular da história, o que não significa que sua concepção de progresso – termo que não utiliza – seja a mesma dos modernos. Kant, por sua vez, representa o início de um grande movimento de reflexão sobre o sentido da história numa perspectiva secular: "É a Kant, e não a Hegel, que remonta a oposição entre *Historie*, disciplina do entendimento, e a *Weltgeschichte*, discurso sobre o sentido necessário da história"[3].

A datação do início das filosofias da história provoca muitas divergências. Alguns consideram a concepção cristã de temporalidade como condição da reflexão sobre a história, outros só encontram essas condições no século XVIII, quando se tornou possível pensar o progresso indefinido no futuro. As divergências se fundam em concepções distintas do que seria a filosofia da história e também no sentido da secularização dos elementos cristãos no pensamento moderno.

Para aqueles que advogam que a filosofia da história se origina com a fé cristã e judaica e não no século XVIII, a *Cidade de Deus* de Santo Agostinho é considerada frequentemente "o modelo de qualquer concepção histórica imaginável que possa ser corretamente considerada como cristã"[4]. O cristianismo em sua interpretação agostiniana elabora uma teoria a respeito da temporalidade que entra em choque com a concepção clássica do eterno retorno, com as teorias cíclicas tanto cosmológicas quanto políticas[5]. O tempo foi criado simultaneamente com o mundo, e assim a temporalidade é una[6]; os acontecimentos têm sentido em função da criação, e todos os fatos históricos locais dos diversos povos devem ser relacionados

---

[2] Cf. *idem*, p. 620.

[3] Lebrun, G. "Une eschatologie pour la morale", *in Manuscrito*, vol. 2, nº 2, abril 1979, p. 43. Artigo traduzido nesta coletânea.

[4] Löwith, K. *El sentido de la historia*, trad. J. F. Bujan, Madri, Aguilar, 1958, p. 238.

[5] Cf. *idem*, pp. 10 ss.

[6] Chatelet, F., *La naissance de l'histoire*, Paris, Les Éditions de Minuit, 1962, pp. 16-17; Löwith, *op. cit.*, pp. 232 ss.

com o todo para adquirirem sentido. Além da criação, outros elementos fundamentais darão sentido aos acontecimentos: a redenção da humanidade por Cristo e o fim dos tempos com sua volta. A doutrina clássica da repetição eterna tanto na natureza quanto na cidade (com os ciclos das formas de governo) é vista como "uma desesperança, porque a esperança e a fé se referem essencialmente ao futuro, e este não pode existir se os tempos passados e os que virão são fases iguais de um ciclo, sem começo nem fim"[7]. Com o cristianismo o tempo se articula em passado, presente e futuro. O presente vincula-se ao passado pela morte e ressurreição de Cristo e também ao futuro pela salvação e a consumação. Já com o judaísmo tem-se uma quebra da concepção cíclica, uma vez que o Messias poderia vir a qualquer momento e mudar fundamentalmente todo o sentido dos acontecimentos.

As concepções de temporalidade judaica e, principalmente, a cristã vão abrir o campo para algumas teorias modernas a respeito do progresso. Mas convém notar logo que o futuro pensado pelas teorias cristãs não é um futuro indefinido que possibilitaria a noção de desenvolvimento contínuo e o aperfeiçoamento progressivo de toda a humanidade na Terra. Para elas o progresso é antes uma peregrinação: "Para um homem como Santo Agostinho, todas as nossas elucubrações acerca do progresso, das crises e da ordem mundial pareceriam pueris, porque, de um ponto de vista cristão, só existe um progresso: aquele dirigido a uma distinção mais marcada entre a fé e a sua ausência, entre Cristo e o Anticristo"[8]. Como já observamos citando Adorno, o progresso, para Santo Agostinho, é visto em termos antinômicos. Mas esta antinomia, este antagonismo encontra uma solução na superação do mundo histórico com o triunfo da Cidade de Deus, com a consumação dos tempos – com o "fim da história" há o triunfo último do bem, e por isto o futuro não é indefinido[9].

---

[7] Löwith, *op. cit.*, pp. 234-5.

[8] *Idem*, p. 246; ver também p. 243.

[9] Para Löwith a filosofia da história começa com o cristianismo (e mesmo com o judaísmo), principalmente com a formulação agostiniana, que seria o modelo de toda concepção verdadeiramente cristã. Apesar de abrir as possibilidades para pensar o futuro como

A reflexão agostiniana abre, sem dúvida, o campo para as filosofias da história que concebem o tempo como contínuo e o movimento histórico como progressivo. No século XVIII os acontecimentos são pensados em grande parte de forma contraposta à teologia, e nesta contraposição muitos elementos cristãos são absorvidos e secularizados, havendo até uma hesitação no emprego de termos teológicos. Kant, por exemplo, depois de afirmar que a garantia da paz perpétua é a natureza, escreve: "O uso da palavra natureza, quando se trata como aqui apenas de teoria (e não religião), é mais conveniente aos limites da razão humana (...) e é mais modesto que a expressão de uma providência cognoscível por nós"[10]. Mas querer reduzir o pensamento histórico do século XVIII a uma mera secularização dos temas religiosos, como fazem os pensadores cristãos, ressaltando a perspectiva agostiniana como o único modelo de apreensão do fenômeno histórico e ao mesmo tempo buscando denunciar como ilusões progressistas as teorias que fogem deste modelo; ou ainda como certos "nietzschianos" que, denunciando as filosofias da história ou mesmo qualquer pensamento revolucionário como sendo mera secularização de elementos cristãos, acreditam com isto minar as bases daquelas teorias, é ir longe demais. Não se pode negar a influência dos temas cristãos, mas "da mesma forma que a *Cidade de Deus* compreende a *Weltanschauung* hebraico-cristã de uma certa maneira – que não é a única concebível legitimamente –, também a das filosofias da história retoma, à luz dos acontecimentos contemporâneos ou recentes, os temas cristãos antigos,

---

diferente do passado, e assim desenvolver a noção de progresso, o cristianismo não cairia na "ilusão do progresso", e desta forma chegou a resultados semelhantes aos da concepção grega, que por outros motivos também impede que se caia nesta ilusão. Assim, Löwith afirmou que "a fé cristã na inescrutável intervenção da Providência divina, em conjunção com a crença de que o mundo poderia a qualquer momento chegar subitamente ao seu final, tem o mesmo efeito que a teoria grega dos ciclos recorrentes de crescimento e decadência e de uma fatalidade inexorável: a de impedir o desenvolvimento de uma crença num progresso indefinido e numa docilidade sempre crescente" (*op. cit.*, p. 288).

[10] Kant, *Zum ewigen Frieden*, *in Kants Gesammelte Schriften*, Herausgegeben von der Königlich Preussischen Akademie der Wissenschaften, vol. 8, p. 362. (Abreviado *Z. e. Fried.* Ak. 8, p. 362.) (Todos os textos de Kant serão citados nesta edição.)

modificando-os profundamente"[11]. Os temas ressurgem em função de uma situação político-social inteiramente diferente da antiga e, mais ainda, boa parte dos elementos emprestados o são por inadequação terminológica. Já que a influência cristã é muito grande, torna-se difícil criar novas palavras que expressem adequadamente os novos conceitos. Frequentemente a "explicação" das filosofias da história pela secularização não passa de polêmicas mal colocadas que não ajudam em nada a compreensão destas filosofias e de suas irredutíveis particularidades[12].

* * *

No Renascimento retomou-se a teoria cíclica da história, a preocupação com a classificação das formas de governo (e suas transformações) e, ao mesmo tempo, a Antiguidade passou a ser colocada como padrão artístico, teórico e mesmo político inatingível. Dessa

---

[11] Chatelet, F. *op. cit.*, pp. 18-9.

[12] Indo contra a corrente, tanto dos que fazem remontar a problemática da filosofia da história e a noção de progresso ao cristianismo (como Löwith) quanto dos que negam esta possibilidade tanto na Antiguidade quanto na Idade Média e afirmam que as condições plenas para a elaboração do conceito de progresso e de tempo linear só se deram no século xviii (como J. Bury, *The Idea of Progress*, Nova York, Dover Publications), Antoinette Novara, em *Les idées romaines sur le progrès d'après les ecrivains de la république (Essai sur le sens latin du progrès)*, Paris, Les Belles Lettres, 1982, apresenta uma hipótese bastante interessante. A autora procura, ao longo das mais de 800 páginas de seu livro, demonstrar que havia em Roma uma ideia de progresso, de um melhoramento progressivo (p. 14), e que este progresso "é, sem hesitação, afirmado como infinito" (p. 21), além de afirmar que "devemos constatar que o sentido do progresso era a característica primeira da intuição latina da história" (p. 18). É claro que Novara não atribui aos romanos a ideia geral do progresso, nem o mito do progresso, que são modernos, mas ressalta a existência de elementos comuns. Os romanos não apenas tinham como fundamental o sentido do progresso, mas intuíam também o tempo histórico como linear. Assim, seria falsa a oposição entre, de um lado, o tempo cíclico greco-romano e, de outro, o tempo linear judaico-cristão. Reforçando esta tese, Novara cita o seguinte trecho de A. Traina (*Il pensiero storico-classico*, Bari, 1966-1967, t. II, pp. 412 ss., nº 555): "Tem-se o costume de afirmar que o tempo cristão deve sua linearidade ao tempo hebraico, o que seria verdadeiro; mas a mim me parece que foi antecipado e preparado pelo sentido latino do progresso". Depois de citar esta passagem, Novara comenta: "Sem reter os termos antecipação e preparação, que poderiam levar ao anacronismo, estaríamos inclinados a achar que o sentido latino do tempo estava particularmente pronto para ser 'convertido' à concepção cristã de história" (p. 20). O mínimo que podemos dizer é que a questão é mais polêmica do que parece, tanto em relação ao cristianismo e ao tempo linear, quando à laicização dos temas cristãos na filosofia moderna.

forma, volta-se à concepção da Idade de Ouro como localizada no passado, e do tempo como um elemento destruidor e corruptor. Descartes e a nova ciência, por um lado, e a polêmica dos "Antigos e Modernos", por outro, deram um golpe nessa concepção. Os primeiros em termos teóricos, e a última em termos de padrões artísticos[13]. Mas será no meio do século XVIII, quando surgem novas representações de devir histórico e a antiga problemática é transformada, que haverá uma modificação profunda no método e nos objetos históricos. Como escreveu Goulemot: "No meio do século [XVIII] aparece, além dos textos e neles, uma representação linear da história. O saber histórico constitui então novos objetos e invade novos domínios. A representação do fato revolucionário, passado ou próximo, a configuração da história dizível se encontram modificados sem que entretanto seja votada ao esquecimento ou à inutilidade a problemática anterior."[14] O curioso neste período é justamente a coexistência de concepções distintas, ou seja, a manutenção da concepção antiga ao lado da nova.

Voltaire é um autor estratégico para se apreenderem estas mudanças, na medida em que nele encontramos entrecruzadas a nova e a antiga problemáticas. Foi ele que elaborou em primeiro lugar o conceito de filosofia da história[15]. Numa resenha (1764) da história da Inglaterra de Hume, Voltaire insiste na necessidade de escrever a história de maneira filosófica, já que o filósofo pode escrever de maneira livre, sem preconceitos, pois "le philosophe n'est d'aucune patrie, d'aucune faction". Hume seria o modelo do filósofo historiador. Voltaire escreve nesta perspectiva o *Essai sur les moeurs* (1756) e *Philosophie de l'Histoire* (1765) (este último texto passa a ser, a partir de 1769, a introdução do *Essai*[16]). Para Voltaire, escre-

---

[13] Ver J. Bury, *op. cit.*, caps. 3 e 4.

[14] Goulemot, J.-M. *Discours, histoire et révolutions (Répresentations de l'histoire et discours sur les révolutions de l'âge classique aux lumières)*, Paris, 10/18, 1975, p. 17.

[15] Cf. o verbete "Geschichtsphilosophie" no *Historisches Wörterbuch der Philosophie*, editado por J. Ritter, Darmstadt, Wissenschaftliche Buchgesellschaft, 1974, vol. 3, p. 416. O trecho da resenha de Voltaire citado adiante foi retirado desse verbete.

[16] Apesar de Voltaire usar a expressão "filosofia da história" e mesmo tê-la empregado como título de uma obra sua, aqui "a expressão não tem o sentido que lhe darão no século seguinte os filósofos alemães da história. Simplesmente Voltaire não segue mais a

ver a história *en philosophe* significa, de um lado, criticar a história providencialista como a de Bossuet e, de outro, procurar explicações racionais. Essas explicações baseiam-se na análise da natureza, "na natureza humana, cujo âmago é em todo lugar o mesmo"[17], que permite comparar os povos e encontrar semelhanças, e também que se corrijam os erros de outros historiadores que se baseiam em fábulas que vão contra aquilo que é natural, pois "o que não está na natureza não é nunca verdadeiro"[18]. Assim, Voltaire vai além da história *événementielle*, não se contenta com a mera sucessão de eventos, mas procura estudar "os costumes e o espírito das nações", como está estampado no título do *Essai*. Ele expressa claramente seu pensamento: "Eu aqui considero, pois, em geral, a sorte dos homens mais que as revoluções do trono. E ao gênero humano que é preciso prestar atenção na história: é aí que cada escritor deveria dizer *homo sum*; mas a maioria dos historiadores descreveu batalhas"[19]. Ou seja, nesta perspectiva se levam em conta a nação, os povos e seus costumes, e não apenas os príncipes.

Para a concepção linear da história foram um marco fundamental as *Lettres philosophiques* (1734) de Voltaire. As chamadas "cartas inglesas" constituem ao mesmo tempo as considerações de um viajante francês na Inglaterra e uma crítica à política francesa[20]. Neste texto Voltaire critica os padrões comparativos na história, recusa-se a entender o processo histórico como degeneração e decadência, critica o discurso sobre a perfeição das origens, recusa-se a situar a Idade de Ouro na Antiguidade greco-romana e finalmente afirma uma concepção linear da história numa perspectiva do progresso. Nesta medida a política não consiste num esforço para deter o tem-

---

ordem de uma relação cronológica. Sobrevoando os tempos e os continentes, ele examina as questões das origens: ele é 'philosophe' por esta liberdade que toma com a história". R. Pomeau, "Introduction" a *Essai sur les moeurs*, de Voltaire, Paris, Garnier, 1963, p. XVII.

[17] Voltaire, *Essai sur les moeurs*, Paris, Garnier, 1963, vol. 2, p. 314.

[18] *Idem*, vol. 1, p. 42. Ver Pomeau, p. XXI, e o verbete "Geschichtsphilosophie", já citados.

[19] Voltaire, *op. cit.*, vol. 1, p. 781.

[20] Ver Goulemot, *op. cit.*, pp. 374 ss. Esse livro constitui uma referência importante para as considerações que se seguem.

po, para conservar a situação imutável, ou apenas na arte de manter o poder, mas, ao contrário, deve procurar eliminar os obstáculos ao livre desenvolvimento e aperfeiçoamento das instituições e favorecer a necessária liberdade econômica que possibilite o desenvolvimento do comércio e da indústria.

Na oitava carta – "Sur le Parlement" – Voltaire compara Inglaterra e Roma, mas esta não aparece como paradigma, nem como perfeição absoluta. Tanto na Inglaterra como na Roma antiga pode-se falar da corrupção dos senadores. É verdade que os romanos não matavam por desavenças religiosas, como os ingleses, mas há "uma diferença mais essencial entre Roma e Inglaterra, que coloca toda vantagem do lado da última: é que o fruto das guerras civis em Roma foi a escravidão, o das desordens da Inglaterra, a liberdade"[21]. Na Inglaterra conseguiu-se regular o poder do rei pela resistência do povo, e este participa do poder. Há um equilíbrio proporcionado pelas duas Câmaras (dos Lordes e dos Comuns); já, em Roma, o povo estava dividido e era desprezado pelos senadores, e estes promoviam contínuas guerras para afastá-lo do poder. Os romanos tornaram-se, assim, conquistadores e mais tarde escravos, enquanto os ingleses não precisam do recurso da guerra, a não ser para impedir que seus vizinhos transformem-se em conquistadores; "este povo não é apenas zeloso de sua liberdade, ele o é também da dos outros"[22]. Nas cartas tem-se a destruição de Roma como paradigma, já que a Inglaterra do presente é considerada superior àquela em diversos aspectos[23]; além disso, afirma-se a superioridade desta em relação aos outros países: "O que se torna uma revolução na Inglaterra é apenas uma sedição nos outros países."[24] As guerras civis, os levan-

---

[21] Voltaire, *Lettres philosophiques*, *in Mélanges*, Paris, Bibliothèque de la Pléiade, 1961, p. 21.

[22] Voltaire, *op. cit.*, p. 21.

[23] "Pelo viés de um discurso sobre a Inglaterra formula-se (...) um novo discurso sobre a história. Discurso radicalmente outro, visto que ele opõe a progressão à manutenção, e a construção ao reencontro. A história não é concebida como uma volta às fontes ou como uma marcha inelutável em direção ao definhamento: ela é invenção da liberdade e da felicidade. O passado não é mais um modelo a ser reencontrado, mas sim uma noite tenebrosa e profunda que é preciso deixar para sempre." Goulemot, *op. cit.*, p. 380.

[24] Voltaire, *op. cit.*, p. 22.

tes, as lutas dos outros povos não têm por causa a luta pela liberdade. Voltaire vai explicar em grande parte esta diferença pelo fato de as instituições inglesas terem se aperfeiçoado com o tempo e também com o comércio: este "enriqueceu os cidadãos na Inglaterra, contribuiu para torná-los livres, e esta liberdade, por sua vez, estendeu o comércio"[25]. O comércio é na Inglaterra o motor da história que garante a ampliação da liberdade, as instituições podendo se transformar num sentido positivo. Uma nova problemática foi formada e "constitui uma ruptura com a *idade clássica*, pois ela estipula uma valorização positiva do tempo e da duração, a recusa de inscrever no passado original a perfeição das formas políticas e faz do devir da história uma invenção[26]. O futuro indefinido se abre para a história; a política não será apenas resistência ao tempo, mas deve ajudar a construir o novo; e firma-se uma concepção linear de história com a acumulação de aspectos positivos, descortinando uma perspectiva progressista.

Convém ressaltar que Voltaire, em outras obras, dá uma conotação diferente à noção de progresso, bem como atribui menos peso ao comércio como elemento explicativo. O espírito dos homens adquire uma importância fundamental para se entenderem os acontecimentos históricos e a organização político-social, e "três coisas influem sem cessar sobre o espírito dos homens: o clima, o governo e a religião; é a única maneira de explicar o enigma deste mundo"[27]. O comércio continua essencial para o desenvolvimento da liberdade, mas, nestes textos, é visto como estando na dependência dos governos. A explicação histórica para Voltaire não significa que se possa entender todos os povos em todos os períodos da história como realizando um único processo com um sentido; "uma História Universal dirigida para um simples fim, e unificando, ao menos potencialmente, todo o curso dos acontecimentos"[28], não foi desenvolvida por Voltaire, mas pelo messianismo judaico e pela esca-

---

[25] *Idem*, p. 27.

[26] Goulemot, *op. cit.*, p. 423.

[27] Voltaire, *Essai sur les moeurs*, ed. cit., tomo 2, p. 806; ver Pomeau, tomo 1, p. XLII.

[28] Löwith, *op. cit.*, p. 160.

tologia cristã. Esta "História Universal" será escrita por Bossuet. Ela é universal apenas na pretensão de encontrar o sentido da história no cristianismo, pois, de fato, ignora, por exemplo, a história do Oriente. Já os textos de Voltaire pelo menos são mais abrangentes, incluindo a China e a Índia. Voltaire, no *Essai*, contra Bossuet, "não fixa para a aventura humana nem uma origem já conhecida antes da investigação, nem um termo prefixado. O sentido da história permanece para ser decifrado, supondo que a história tenha um sentido"[29]. O progresso, para Voltaire, não é um progresso contínuo; épocas de grande brilho são sucedidas por épocas de retrocesso. Há um aspecto estático e cíclico na história, e outro dinâmico e de certa forma acumulativo: "Os crimes e as infelicidades foram de todos os tempos, houve apenas quatro séculos para as belas-artes."[30] Na Grécia, em Roma, no Renascimento e na época de Luís XIV teria havido períodos em que a humanidade chegou a uma grande perfeição para depois entrar numa etapa de decadência. Épocas de grande desenvolvimento são sucedidas por épocas de regressão. Haveria um ciclo de nascimento e morte. Mas não há aí uma mera volta à teoria cíclica da história, pois o ciclo não é o retorno do mesmo; "cada época feliz é um renascimento daquela que a precedeu, mas também uma ultrapassagem. A história percorre ciclos descentrados e situados num eixo ao qual o progresso dá um sentido"[31]. Nas *Lettres philosophiques*, Voltaire desenvolve uma concepção progressista da história; nas obras posteriores mistura uma visão linear com outra cíclica, fazendo com que haja, ao mesmo tempo, elaboração do novo e manutenção de elementos das concepções anteriores. Esta tensão é característica da reflexão sobre a história em meados do século XVIII[32].

---

[29] Pomeau, *op. cit.*, p. XL.

[30] Voltaire, *Essai*, vol. 2, p. 174.

[31] Goulemot, *op. cit.*, p. 464.

[32] K. Löwith, na obra citada, afirma que a mescla das concepções distintas não seria apenas uma característica do pensamento de meados do século Xviii, mas de todo o pensamento moderno até hoje. O pensamento moderno e contemporâneo seria um composto mais ou menos inconsciente (p. 35) da tradição clássica antiga e do cristianismo, como se as concepções "do movimento cíclico e da direção escatológica tivessem esgotado as considerações básicas para um entendimento da história" (p. 36). A reflexão

Vamos reencontrar essa tensão em Rousseau. No *Discours sur les sciences et les arts*, Rousseau, perguntando-se se a vinculação da depravação dos costumes com o avanço das ciências e das artes seria peculiar ao seu tempo, responde que não e acrescenta: "A elevação e o refluxo cotidiano das águas dos oceanos não foram mais regularmente submetidos ao curso do astro que nos ilumina durante a noite que a sorte dos costumes e da probidade aos progressos das ciências e das artes."[33] Com o crescimento das artes e das ciências se dá a corrupção dos costumes, tanto no Egito como na Grécia e em Roma. O esquema se repete – nascimento, desenvolvimento, morte e renascimento. Mas a própria questão proposta pela Academia de Dijon – "se o restabelecimento das Ciências e das Artes contribui para afirmar os costumes" – está vinculada à concepção clássica da história, pois funda-se na noção de "renascimento".

No *Discurso sobre a origem da desigualdade entre os homens* encontramos também textos que parecem vincular-se à concepção clássica. Por exemplo, quase em seu fim lemos: "É este (o despotismo) o último termo da desigualdade, e o ponto extremo que fecha o círculo e toca no ponto de onde partimos."[34] Volta-se à lei do mais forte, a um novo estado de natureza, "diferente daquele pelo qual começamos, visto que era um estado de natureza em sua pureza, e que este último é fruto de um excesso de corrupção"[35]. Starobinski, que anotou o *2º Discurso* na edição da Pléiade, comenta esta

---

moderna sobre a história seria uma secularização da perspectiva teológica à medida que toma a concepção linear mas abandona a criação e a consumação. Ora, a noção de continuidade indefinida do movimento histórico só poderia ser completamente coerente em uma concepção circular, logo "a mente moderna não é sincera; elimina de sua perspectiva progressiva o suposto cristão da criação e consumação, e ao mesmo tempo assimila da concepção do mundo antigo a ideia de movimento contínuo e incessante, excluindo sua estrutura circular" (p. 298). Löwith, partindo da suposição de que as concepções clássica e cristã esgotam as perspectivas para se pensar a história, não pode dar conta do pensamento moderno e contemporâneo senão considerando-os como mera secularização ou mescla. Poderíamos pensar que Löwith recusa-se a entender a especificidade dos modernos.

33 Rousseau, *Discours sur les sciences et les arts*, *in Oeuvres complètes*, tomo 3, Paris, Pléiade, 1974, p. 10. Cf. Goulemot, *op. cit.*, pp. 465 ss.

34 Rousseau, *Discours sur l'origine et les fondements de l'inégalité parmi les hommes*, *in Oeuvres complètes*, tomo 3, Paris, Pléiade, 1974, p. 191.

35 *Idem.*

passagem acreditando ser necessário comparar estas ideias de Rousseau com as de Maquiavel expostas no livro I, capítulo II, dos *Discursos sobre Tito Lívio* – onde "a sucessão dos diversos governos (monarquia, autocracia, democracia)" seria vista como se fazendo "pela via da corrupção e da reação contra a corrupção"[36]. Rousseau estaria retomando o pensamento clássico e a teoria de Políbio e Maquiavel. Goldschmidt matiza essa análise[37] afirmando que Rousseau conserva da teoria antiga do ciclo das constituições apenas o "esquema circular", mas emprega-a de maneira diferente, fazendo com que sirva ao tema do *Discurso*, que é o crescimento da desigualdade. Além disso, Políbio e Maquiavel não falam em retorno ao estado de natureza, mas no recomeçar dos ciclos das formas de governo. Junto com o "esquema circular" encontra-se nos textos de Rousseau uma clara concepção linear e acumulativa da história, só que, diferente da de Voltaire, não é uma visão de um acréscimo positivo – poder-se-ia falar numa história negativa. Rousseau traça no *2º Discurso* os caminhos do "progresso da desigualdade": "estabelecimento do direito de propriedade, instituição da magistratura, mudança do poder legítimo em arbitrário"[38]. Neste estudo do progresso da desigualdade, "não é a atenção dada a este último termo que faz a originalidade do autor, mas de tê-la explicado pela ideia de 'progresso'"[39].

Encontra-se como elementos comuns no meio do século XVIII a mistura entre a história linear e a cíclica, mas, ao mesmo tempo, as divergências são profundas. Voltaire afirma o progresso e mantém a concepção cíclica para dar conta dos períodos em que a humanidade entra em decadência, em uma espécie de "otimismo realista". Rousseau, ao contrário, afirma o aspecto acumulativo linear, mas toma da concepção cíclica justamente o pessimismo. Os dois pensadores trabalham com concepções heterogêneas de história; no meio do século pode-se ler "uma unidade e discordâncias. A constituição de um novo objeto histórico une em uma mesma vontade

---

36 Starobinski, p. 1.359.

37 Goldschmidt, V., *Anthropologie et politique. Les principes du système de Rousseau*, Paris, Vrin, 1974, p. 749.

38 Rousseau, *Discours sur l'origine de l'inégalité*, ed. cit., p. 187.

39 Goldschmidt, *op. cit.*, 711.

Montesquieu, Rousseau e Voltaire. Por eles, o discurso histórico toma por objeto as condições reais de existência dos homens e revela a racionalidade do devir histórico. Mas a busca de uma unidade não pode ir além"[40]. Para Voltaire, a humanidade caminha para a felicidade, ao contrário de Rousseau. Montesquieu pensa a política e as instituições sob uma perspectiva que se preocupa com as causas, ressaltando o clima, sem se interrogar sobre o sentido da história. Voltaire procura causas nos costumes das nações, e não se satisfaz apenas em copilar fatos. Rousseau radicaliza e elabora um método que constrói hipóteses e modelos. Por isso sua palavra de ordem e "écarter tous les faits"[41] e substituí-los por raciocínios hipotéticos – escreve assim uma "história hipotética". "Esta história sem fatos é uma etiologia. A universalidade das causas que ele busca está de acordo com seu objeto ('o gênero humano') e com seus efeitos ('todas as revoluções do gênero humano'). Não é, entretanto, uma história puramente dedutiva e *a priori*: apenas o primeiro gênero de causas é tirado da natureza humana. Aí se ajuntam, como segundo gênero, o ambiente (do qual o clima é apenas um fator) e, como terceiro, 'outras causas mais fortuitas em aparência (os tremores de terra, vulcões, incêndios, inundações, dilúvios')."[42] As divergências entre Voltaire, Montesquieu e Rousseau são grandes; a unidade que possibilita a constituição do que Goulemot chamou de novo objeto histórico é bem circunscrita – os três procuram pensar a história como apreendendo as condições de existência dos homens e questionando o devir histórico. Ora, justamente aí se instala a divergência, pois esses autores analisaram de maneira diferente a situação tanto da França como da Inglaterra, já que seus métodos de abordagem da situação dos homens são distintos e, além disso, eles avaliam de maneira oposta o devir histórico, pois esta avaliação vincula-se a diferentes perspectivas críticas em relação ao seu tempo. Assim, a combinação de elementos clássicos com modernos não significa a mera retomada nem de aspectos do pensamento antigo nem do

[40] Goulemot, *op. cit.*, p. 471.

[41] Rousseau, *idem*, p. 132.

[42] Goldschmidt, *op. cit.*, p. 164.

cristão. Os temas são reatualizados em função de novos problemas, novas perspectivas e uma nova situação histórica[43].

* * *

Na Alemanha, tanto a situação político-econômica quanto o panorama teórico são bastante diferentes dos da França e Inglaterra. Devido ao "atraso" relativo da Alemanha, o Estado terá uma participação maior na vida social e nos negócios em geral que nos outros dois países. O Estado adquire um peso enorme, com certa independência tanto em relação à nobreza quanto à burguesia: "a impotência de cada esfera (*Lebenssphäre*) isolada (não se pode falar nem em estamentos [*Ständen*] nem em classes, mas, quando muito, de estamentos que existiram e classes que ainda não nasceram) não permitiu que nenhuma delas conquistasse o poder só para si[44]". As iniciativas provêm, então, do aparato estatal criado com a monarquia absoluta. Esta situação de transição em que a sociedade capitalista não está constituída, mas em que também não temos mais uma sociedade feudal – numa Europa em que outros países já estão em rápido processo de transformação econômico-social, com a consolidação do capitalismo e as transformações na organização político-

---

[43] Goulemot, que, ao mesmo tempo que procura a "epistème" comum a pensadores opostos num determinado período, também tenta "ler uma ideologia e seu funcionamento" (*op. cit.*, p. 16), não deixa de reconhecer que as *Lettres anglaises* de Voltaire tornaram-se possíveis devido às mudanças econômicas que aconteciam na França nos anos de 1730. Mas não coloca esta questão de maneira simplista (buscando saber quem Voltaire representa), mas sim procura analisar os enunciados políticos das *Lettres*, ver como eles foram possíveis, e localizá-los no quadro ideológico do período. Neste contexto, uma evidência firma-se para Goulemot: "As mutações econômicas que a França conheceu nesta primeira metade do século XVIII tornaram possível uma leitura nova da Inglaterra e a construção, a partir dela e por ela, de um devir possível da classe dos comerciantes franceses cujo mecanismo de enobrecimento não permitia absorver em sua totalidade a fração mais rica" (*idem*, p. 401). A concepção de liberdade política, "se pertence à realidade contemporânea da Inglaterra, tal como Voltaire podia apreendê-la, se increve no devir da história francesa" (*idem*). A concepção progressista liberal torna-se possível no confronto da situação francesa com a inglesa, mas certos elementos de transformação já se encontram na realidade francesa. A concepção linear e acumulativa da história em Voltaire não é mera secularização da concepção cristã, mas uma reflexão sobre as possibilidades de mudança que ele perscruta em sua época.

[44] Marx, *Die deutsche Ideologie*, M. E. W., 3, p. 178.

-social, e com a difusão das concepções liberais – dá à Alemanha um caráter peculiar. As ideias geradas na Inglaterra e França atravessam o Reno, são absorvidas pelos pensadores alemães, mas, como a situação histórica da Alemanha é diferente, isto propiciará que o liberalismo alemão também o seja. Os pensadores alemães encontram-se diante de uma temporalidade dupla – a das ideias liberais ("importadas", embora sem os seus pressupostos sociais) e a da situação histórica em que vivem[45].

É neste quadro que a filosofia político-jurídica de Kant se constituirá: "Decerto não permanece oculta para Kant a discrepância entre os alvos a serem atingidos e a realidade social na Alemanha da segunda metade do século XVIII. Como outros pensadores liberais da primeira fase (*frühliberal*), ele procura superar esta discrepância através de uma filosofia da história e postulados filosófico-jurídicos. E seu princípio, do mesmo modo que os modelos de outros pensadores liberais da primeira fase, é exprimir a contradição entre o mundo ainda feudal e as exigências burguesas iniciais (*frühbürgerlichen*), que forma o antagonismo central do absolutismo esclarecido."[46] O idealismo político-jurídico e a filosofia da história kantianos procuram dar conta dessa situação. A filosofia da história vai adquirir um estatuto completamente diverso daquele que tinha em Voltaire; ela "garante" de certa forma a realização da concepção liberal numa

---

[45] Paulo Arantes, tratando da crítica filosófica na Alemanha, nos anos de 1840, escreveu: "O descompasso da miséria alemã condena igualmente o pensamento, nisto fiel ao duplo presente que a caracteriza, à dialética, ou seja, à árdua tarefa de acertar o passo com as coisas e as ideias que o cercam aquém e além-fronteira." "Ideia e ideologia. A propósito da crítica filosófica nos anos de 1840. Alguns esquemas", *in Discurso,* Revista do Departamento de Filosofia da FFLCH da USP, nº 6, 1975. Paulo Arantes procura em vários trabalhos dar conta da inscrição do idealismo e da dialética na situação peculiar da Alemanha. Esses trabalhos fornecem indicações seguras também para a análise do idealismo kantiano. Assim, pode-se dizer que a filosofia da história e o idealismo político kantiano também estão às voltas com um duplo presente, só que neste caso a saída será uma política liberal reformista (dirigida por cima) ligada a uma filosofia da história fundada no antagonismo que não constitui uma dialética. Ver também, de Arantes: "O partido da inteligência. Nota sobre a ideologia alemã", *in Almanaque,* nº 9, São Paulo, Brasiliense, 1979, e "Paradoxo do intelectual. Dialética e experiência intelectual em Hegel", *in Manuscrito,* vol. 4, nº 1, São Paulo, 1980.

[46] Batscha, Z., "Einleitung" a *Materialien zu Kants Rechtsphilosophie,* Batscha, Z. (org.), Frankfurt am Main, 1976, p. 27. Cf. Terra, R. R., *A política tensa,* São Paulo, Iluminuras, 1995, pp. 124 ss.

perspectiva reformista, afastando o perigo da revolução que poderia provir do confronto sem mediação da ideia com a efetividade histórica. Para isso, é necessário que se desenvolva toda uma concepção do que seja ideia, sentido da história, "garantia da ação política", questões estas que constituirão a filosofia da história numa nova acepção.

* * *

Kant distingue claramente a "história (*Historie*) propriamente dita, composta apenas empiricamente"[47], da "história do mundo (*Weltgeschichte*), que de certo modo tem um fio condutor *a priori*"[48]. A filosofia da história, a *Weltgeschichte*, não é composta pelo acúmulo de fatos, nem depende apenas de algum tipo de ordenação, nem diz respeito a uma maior ou menor amplitude na abordagem de diferentes povos e civilizações, não consiste na comparação dos costumes dos povos, não busca apenas as causas das instituições que existiram; a filosofia da história busca e afirma um sentido para o devir. Ela é o projeto de "redigir uma história (*Geschichte*) segundo uma ideia de como deveria ser o curso do mundo, se ele fosse adequado a certos fins racionais"[49].

A questão da possibilidade de uma história *a priori* é colocada explicitamente em *O conflito das faculdades*. Numa primeira abordagem, Kant coloca a questão em termos individuais e responde que a história *a priori* é possível "se o adivinho faz e organiza ele mesmo os acontecimentos, que ele anteriormente anuncia"[50]. Kant dá exemplo neste sentido de políticos ou de líderes religiosos que preveem uma situação de decadência, perversão ou declínio, e eles mesmos colaboram com sua ação para isto. Mas essa questão poderá ser resolvida de outra maneira, sendo desenvolvida na forma da pergunta pelo progresso – estará a humanidade em constante pro-

[47] Kant, *Idee zu einer allgemeinen Geschichte in weltbürgerlicher Absicht*, Ak., 7, 30, 9ª Proposição. (Abreviado *Idee.*)

[48] *Idee*, cf. Lebrun, artigo citado.

[49] *Idee*, 7, 29, 9ª Prop.

[50] Kant, *Der Streit der Fakultäten*, 7, 80. (Abreviado *Streit.*)

gresso? Não é possível responder a esta pergunta apenas pela experiência. Pode-se constatar que durante alguns períodos houve progresso, mas como o homem é livre ele poderia mudar o rumo das coisas. Então "deve acontecer no gênero humano (*Menschengeschlecht*) alguma experiência que, como acontecimento, indica sua disposição e capacidade de ser causa de seu progresso (*Fortrücken*) para o melhor e (já que deve ser o ato de um ser dotado de liberdade) ser a *causa* do mesmo"[51]. Aqui não é mais o adivinho que organiza os acontecimentos que prevê, mas busca-se no gênero humano alguma característica, alguma qualidade que possa garantir que ele mesmo seja a causa do progresso – assim seria possível pensar no desenvolvimento futuro da humanidade e desta maneira elaborar uma história com um fio condutor *a priori*. O problema agora é dar conta desta causa do progresso: "É preciso determinar se existe uma causa possível deste progresso, mas, uma vez que se estabeleceu esta possibilidade, é preciso mostrar que esta causa agiu efetivamente e por isto isolar um certo acontecimento que mostre que a causa agiu de fato. Em suma, a atribuição de uma causa só poderá determinar efeitos possíveis ou, mais exatamente, a possibilidade de efeito; mas a realidade de um efeito só poderá ser estabelecida pela existência de um acontecimento. Não é suficiente, pois, seguir a trama teleológica que torna possível um progresso; é preciso isolar, no interior da história, um acontecimento que terá valor de signo."[52] Este acontecimento será o signo de uma causa do progresso, não apenas no presente, mas no passado e no futuro. Kant refere-se a um "signo histórico (*signum rememorativum, demonstrativum, prognostikon*) 'que demonstra a' tendência do gênero humano em sua totalidade"[53]. A causa estaria sempre atuando e o progresso abrangeria todo o gênero humano.

O acontecimento que serve como signo não pode ser alguma grande obra, pois elas podem desaparecer e não têm o caráter de universalidade; só pode ser a maneira como o espectador pensou e

---

51 *Idem*, p. 84.

52 Foucault, "Dossier Michel Foucault", *in Magazine Littéraire*, nº 207, maio 1984, p. 37. (Primeira aula do ano de 1983 no Collège de France.)

53 *Streit*, 7, 84.

expressou as grandes revoluções. Pois exprimindo-se pode correr riscos, mas manifestando uma simpatia universal e desinteressada "demonstra (por causa da universalidade) um caráter do gênero humano em sua totalidade e ao mesmo tempo (por causa do desinteresse) um caráter moral do mesmo, ao menos em suas disposições"[54]. O acontecimento que provocou estas manifestações dos espectadores foi a Revolução Francesa. Mas o que interessa não é o próprio processo revolucionário, seus atores, ou a marcha da revolução, que pode inclusive fracassar, pois não é ela mesma que é signo, mas sim o que ela provoca nos espectadores. Estes chegam a uma "simpatia" que beira o "entusiasmo", o que "não pode ter outra causa senão uma disposição moral do gênero humano"[55]. Essa simpatia é o signo do progresso, e a causa moral que atua constantemente tem um duplo aspecto: primeiro, o direito que um povo tem de elaborar independentemente sua Constituição e, segundo, o princípio que afirma ser conforme ao direito e à moral apenas a Constituição que impede toda guerra ofensiva[56]. Pode-se afirmar agora que a disposição moral do gênero humano pode ser a causa de seu progresso constante.

A disposição moral voltada para a realização do direito pode ser a causa de um progresso constante, mas isto não significa que o desenvolvimento seja necessário. Há indícios do caráter de universalidade e moralidade do gênero humano, mas são disposições que em certos casos podem se realizar e indicar uma "tendência" da humanidade: "Para Kant, Razão e História só se entrecruzam muito raramente. A Revolução Francesa, tal como é apresentada no escrito sobre *O conflito das faculdades*, ilustra um destes entrecruzamentos, tão feliz quanto fortuito. Os acontecimentos de 1789 marcam, todavia, menos uma reviravolta na história do mundo que a ocasião privilegiada de uma meditação moral."[57] Em outros textos Kant vai ressaltar um novo aspecto da questão e apontar para uma

---

54 *Streit*, 7, 85, cf. Arantes, P. E., Hegel — *A ordem do tempo*, São Paulo, Polis, 1981, pp. 245 ss.

55 *Idem*, 85.

56 *Idem*.

57 Arantes, P. E., *op. cit.*, p. 245.

outra abordagem do tema do progresso e da possibilidade de uma história *a priori*, analisando a destinação natural do gênero humano, que "consiste no progresso contínuo em direção ao melhor"[58]. Kant estuda a natureza humana, em que as boas disposições morais coexistem com as inclinações egoístas e encontram, mesmo assim, um "plano da natureza" que não se vale apenas das disposições morais, mas utiliza-se também daquelas inclinações; "se perguntarmos então por que meios se poderia manter este progresso contínuo em direção ao melhor e além disto acelerá-lo, vê-se logo que este resultado que continua numa distância incomensurável não depende tanto do que fazemos (por exemplo, da educação que damos à juventude) e do método segundo o qual devemos proceder para realizá-lo, mas sim do que a natureza humana fará em nós e conosco, para nos obrigar a seguir uma via à qual nós, por nossa conta, não nos sujeitaríamos facilmente"[59]. O progresso dependerá, em um primeiro momento, mais daquilo que a natureza humana forçará os homens a fazer do que de sua ação consciente. Kant refere-se também à Providência e a um plano da natureza[60], que no caso são assimilados. Uma história com um fio condutor *a priori* será possível à medida que explicite as disposições naturais do homem, sua destinação. Mas não se tem aí uma necessidade inelutável, e não se entra em choque com a concepção das disposições morais desenvolvida em *O conflito das faculdades*, não se está justificando a inação; ao contrário, temos um estímulo para quem quer agir moralmente saber que há um sentido no devir histórico, e "se o homem pode descobrir uma espécie de plano da natureza, é apenas porque ele mesmo, enquanto ser racional, tem fins racionais"[61]. Natureza e história não estão em conflito; a natureza não é vista aqui como

---

[58] Kant, *Anthropologie in pragmatischer Hinsicht*, Ak., 7, 324.

[59] Kant, *Über den Gemeinspruch: Das mag in der Theorie richtig sein, taugt aber nicht für die Praxis*. Ak., 8, 310.

[60] Não será tratada, neste artigo, a questão da teleologia e filosofia da história. Ver em relação à teleologia, na *Kritik der Reinen Vernunft* e na *Idee*, Giannotti, J. A., "Kant e o espaço da história universal", *in Discurso*, nº 10, artigo republicado nesta coletânea; e em relação à *Kritik der Urteilskraft*, Lebrun, G., *Kant e o fim da metafísica*, São Paulo, Martins Fontes, 1993.

[61] Weil, E., *Problèmes Kantiens*, Paris, Vrin, 1982, p. 131.

uma necessidade cega nem a história como uma criação sem fundamento. O sentido da história é algo de possível e de ideal, e "sob ambos os aspectos é algo de *não-necessário*, de não-incondicionado, de realizável sob certas condições. Estas condições são o que Kant indica com o termo 'natureza'".[62] Natureza que expressa, neste contexto, alternativas e não predeterminação[63]. Os homens podem ou não realizar sua destinação. Eles têm elementos para realizá-la e é mais provável que o façam, mas não há aí uma afirmação dogmática, ou um conhecimento científico de "leis naturais necessárias" da história.

A "antropologia política", análise da natureza humana, o exame das possibilidades inscritas neste animal que pode se tornar racional[64] são elementos constitutivos da filosofia da história. Entretanto, os diversos ângulos possíveis na abordagem da natureza humana podem levar a equívocos na caracterização do homem, do estado de natureza e mesmo do direito natural, e também a mal-entendidos sobre a relação entre a moral, o direito, a política e a filosofia da história. Gueroult propõe, para superar as ambiguidades, que se distinga o homem essencial do homem real. Para Kant, a natureza do homem é inicialmente o homem essencial, o homem enquanto homem, o que o opõe ao animal, ou seja, sua liberdade, sua razão

---

[62] Chiodi, P. "La filosofia kantiana della storia", *in Rivista di Filosofia* (58), 1967, p. 280. Ver em Weil, *op. cit.*: "L'histoire est sensée parce que la nature l'est", p. 139.

[63] Além dos significados no plano teórico, Chiodi distingue, em Kant, três significados antropológicos do termo "natureza": "1) 'natureza' como origem do bem (providência, fim, racionalidade); 2) 'natureza' como origem do mal (natureza selvagem, brutal, etc.). 3) 'natureza' como natureza humana. Os dois primeiros destes três conceitos expressam possibilidade e como tal confluem no terceiro, definindo-o" (*op. cit.*, p. 281). Nesta análise Chiodi entende que a palavra natureza na *Idee* entraria no seguinte contexto argumentativo: "1) a 'natureza' humana é tal que os homens se dão um ordenamento cosmopolita (em que se tenham em conta os interesses de todos) ou o gênero humano alcançará sua própria destruição; 2) a 'natureza' humana, enquanto natureza de um ser *rationabile* (não *rationale*), é tal que torna mais provável a conservação com base em acordos que a destruição num conflito sem quartel; 3) a 'natureza' humana é tal que estes acordos não poderão nunca ter um caráter definitivo" (*idem*, p. 280).

[64] O homem "tem um caráter que ele cria para si mesmo, pois tem a faculdade de se aperfeiçoar segundo fins que ele mesmo escolheu, pelo qual, como animal dotado da capacidade de razão (*Vernunftfähigkeit*) (animal *rationabile*), pode fazer de si mesmo um animal racional (animal *rationale*)". Kant, *Anthropologie in Pragmatischer Hinsicht*, Ak., 7, 321 (Abreviado: *Anthr.*).

teórica e prática[65]. Daí se poder falar de direito inato, igualdade natural que cada um possui por ser homem e toda a fundamentação do direito natural na autonomia. "Mas, de um outro ponto de vista, a natureza do homem é também o homem real, depois da queda; ou seja, o homem cuja liberdade é radicalmente pervertida; é neste sentido que Kant declara o homem mau por natureza. Este homem fica, por isto, diferente do animal: esta natureza real, acidente enxertado na natureza essencial do homem, faz deste um ser que não poderia nunca ser confundido nem com a natureza essencial, nem com a natureza real do animal. Tal é a terminologia da *Religião nos limites da simples razão*."[66] É necessário, aqui, acrescentar mais uma distinção a essa estabelecida por Gueroult, ou seja, entre o homem como ser racional e livre e o homem como ser sensível e portador de inclinações. No plano da fundamentação da ética é descartado o estudo antropológico, pois esta deve valer para qualquer ser racional e não apenas para o homem, mas mesmo assim é ressaltado que a lei reveste-se do caráter imperativo para os homens por estes serem sensíveis, sujeitos a inclinações que podem levar ao afastamento da perspectiva racional. No plano da filosofia da história e da política leva-se em conta o estudo do homem sensível, das inclinações, e o mais interessante é que estas assumem um papel positivo em relação ao desenvolvimento das disposições naturais da espécie humana. O mal radical dificultará a constituição de uma comunidade ética (que é uma questão própria da religião); as inclinações, por sua vez, mesmo que dificultem uma ação com valor moral, podem por outro lado levar ao aperfeiçoamento das relações jurídicas entre os homens.

Algumas paixões vinculam-se a inclinações provenientes da cultura humana[67], e a tendência a exercer influência sobre os outros se aproveita de três forças para dominar: a honra, o poder e o dinheiro. A estas forças correspondem três manias: "a mania de honra – *Ehrsucht* – é a fraqueza dos homens que permite ter influência sobre

---

[65] Gueroult, M., "Nature humaine et état de nature chez Rousseau, Kant et Fichte", *in Études de philosophie allemande*, Hildesheim, Georg Olms Verlag, 1977, p. 71.

[66] *Idem.*

[67] *Anthr.*, 7, § 81, 267.

eles através de sua opinião; a mania de dominação – *Herrschsucht* –, através do medo; e a mania de posse – *Habsucht* –, através de seu interesse próprio"[68]. Um homem procura se utilizar de outro através das tendências deste; alguém com poder ou dinheiro pode fazer promessas e se utilizar do outro, aumentando assim seu próprio poder. Mas é possível haver resistência do outro, que também pretende aumentar seu poder, conflito este capaz de conduzir a um resultado positivo; as três manias, no caso, levando a se vencer a propensão à preguiça[69], a concorrência servindo de estímulo ao desenvolvimento. No plano do homem essencial Kant pode constituir uma ética e uma teoria do direito fundadas na noção de autonomia; no direito político estabelece um sistema de ideias distanciado das instituições históricas, mas se ele se detivesse aqui haveria um choque inevitável das ideias com a realidade; a teoria resultaria em uma utopia ou em um pensamento revolucionário. Kant, porém, analisa e encontra uma dinâmica própria no plano sensível: "O idealismo é a consciência da separação e da tensão eterna entre o inteligível e o sensível; mas é também a consciência de que, se o inteligível representa a perfeição absoluta em si, o sensível encerra uma perfeição relativa, principalmente na medida em que serve de etapa positiva na direção da realização do ideal."[70] A tensão entre o inteligível e o sensível, o idealismo político e a "antropologia política", o direito político e as instituições políticas efetivas exige a filosofia da história.

Kant mantém os conceitos básicos da filosofia política dos séculos XVII e XVIII como os de estado de natureza, contrato social, soberania, mas transforma-os em ideias. Da mesma forma conserva o termo direito natural referindo-se à disciplina que enfeixa o tratamento daqueles conceitos. O direito natural, sendo então aquele que não é estatutário, é o "Direito cognoscível *a priori* pela razão de todos os homens"[71]; é o sistema das leis jurídicas racionais *a priori*. O direito natural, como as ideias políticas, serve de norma, de

---

[68] *Idem*, § 84, 272.

[69] Ver *Idee*, 8, 4ª Prop., 21; *K. U.*, § 83, 433.

[70] Vlachos, G., *La pensée politique de Kant*, Paris, PUF, 1962, p. 94.

[71] Kant, *Metaphysische Anfangsgründe der Rechtslehre*, vi, § 36, 296 (Abreviado: *Rechtsl.*).

modelo ideal vinculado à autonomia do homem: "A ideia de uma constituição de acordo com o direito natural dos homens – ou seja, que aqueles que obedecem às leis devam também, reunidos, legislar, se encontra na base de todas as formas de Estado."[72] A ideia de liberdade servirá como fundamento das ideias político-jurídicas. O contrato originário apresenta no plano político a exigência da autonomia, servirá de norma para o direito político, exige a soberania popular e servirá como padrão de medida para a legislação, uma vez que uma lei será justa só se puder provir da vontade unida de todo um povo. A ideia de contrato vincula-se à ideia do Estado como união dos homens sob leis jurídicas necessárias *a priori*. Ao definir de maneira negativa o estado de natureza como uma situação de ausência de direito, Kant indica o caráter positivamente legal do Estado que se oporia a ele: o estado jurídico, em que se torna possível a justiça pública com a coerção legal exterior. Neste plano, "o estado dos indivíduos em relação uns com os outros no governo chama-se estado civil (*status civilis*), e seu todo em relação a seus próprios membros, Estado (*civitas*) (...), mas, em relação com outros povos, chama-se simplesmente potência (*potentia*)".[73] Kant distingue a relação dos cidadãos entre si da relação da totalidade dos cidadãos com cada um. O Estado é um poder legal que exprime o todo e garante "o meu e o teu de cada um", como também possibilita que seus membros possam ser realmente cidadãos; ou seja, que tenham a liberdade legal, a igualdade e a independência civil. Em outro parágrafo da *Rechtslehre*, Kant esclarece: "Um Estado (*civitas*) é a união de uma multidão de homens sob leis jurídicas. Enquanto estas leis são *a priori* necessárias, ou seja, decorrem por si mesmas dos conceitos do direito exterior em geral (não estatutariamente), sua forma é aquela de um Estado em geral, ou seja, do Estado na ideia, como deve ser segundo princípios do direito, esta ideia servindo (de maneira interna) como fio de prumo (norma) para toda união efetiva visando constituir uma República (*gemeinen*

---

[72] Kant, *Streit*, 7, 90-91.

[73] Kant, *Rechtsl.*, 6, § 43, 311.

Wesen)."[74] Junto à ideia de contrato, a ideia de Estado serve de padrão para as associações efetivas. Enquanto ideia, Kant insiste em afirmar o caráter jurídico do Estado, mas não do direito positivo, estatutário: o que está em causa são as leis *a priori*, os princípios jurídicos que formam um sistema independente da experiência.

Ao lado das ideias políticas, do direito natural, do homem essencial, Kant considera o homem real, sensível, com suas inclinações. No plano efetivo o homem, junto com seus semelhantes, fere a liberdade dos outros e, mesmo que deseje estabelecer relações legais que limitem a liberdade de todos, por seu egoísmo procura criar uma situação de exceção para si. Por isto o homem é um animal que, quando vive entre outros de sua espécie, "*tem necessidade de um senhor*"[75]. Kant retoma esse tema em várias *Reflexionen*[76], dentre elas: "O homem é uma criatura que precisa de um senhor; mesmo aqueles que pensam dominar, precisam de um; e como um homem, afinal, deve ser o último senhor, poucos são aptos a se servir desta soberania *Herrschaft* – no caso em que não se sentem submetidos ao comando deste senhor que é o mestre de toda coisa, sem exceção. O verdadeiro soberano – *Oberherr* – do Estado é a ideia da sociedade inteira, e daquele que lhe dá o poder – *Gewalt* –, Deus, ou seja, aquele que realiza e personifica esta ideia. Pois o Estado é seu próprio senhor e de tudo, consequentemente de cada membro: *dominus originarius*"[77]; ou ainda: "Apenas o Estado é senhor absoluto; o soberano – *souverain* – é o representante, e por causa de seu acordo com a vontade do Estado não é responsável diante de nenhum homem e não obstante deve ser responsável; é

---

[74] *Idem*, VI, § 45, 313.

[75] Kant, *Idee*, 8, 6ª Prop., 23. Herder, no livro nono da segunda parte das *Ideen zur Philosophie der Geschichte der Menschheit*, critica esta concepção kantiana: "Eis um princípio fácil porém mau para a filosofia da história humana: 'o homem é um animal que precisa de um senhor e espera deste senhor ou de um grupo de senhores a felicidade de sua destinação final'. Invertamos a proposição: o homem que precisa de um senhor é um animal; assim que se torna homem, não precisa propriamente de nenhum senhor" (Herder, *Idées pour la philosophie de l'histoire de l'humanité*. Ed. bilíngue, trad. de M. Rouché, Paris, Aubier, 1962).

[76] Ver indicações em: Weyand, K., *Kants Geschichtsphilosophie Ihre Entwicklung und ihr Verhältnis zur Aufklärung*. Köln, Kölner Universitäts Verlag, 1964, p. 93.

[77] Kant, *Reflexionen zur Anthropologie*, 15, nº 1.398. (Abreviado: *Rx*.)

diante do senhor absoluto de toda a natureza que deve ser responsável."[78] Para viverem juntos em relações jurídicas, os homens precisam de um senhor que limite as vontades particulares e as force a obedecer a uma vontade que tenha valor universal. A dificuldade consiste, entretanto, em que, se este chefe é um homem, ele também procurará tirar vantagens de sua situação; desta maneira, só Deus poderia realizar e personificar completamente a ideia da vontade universal. Deus dá o poder ao Estado, que é o senhor político absoluto e pode com instrumentos coercitivos manter a lei, ser a própria organização jurídica; o Estado, porém, deve ser representado por homens, pelos governantes; enquanto estes tornam eficaz a ideia de união civil, estão de acordo com a vontade do Estado, e só são responsáveis diante de Deus. Além da legitimidade proveniente do acordo das instituições políticas com o direito natural, surge aqui uma outra espécie de legitimidade vinculada apenas à conservação do estado civil, o que torna impossível todo direito de resistência.

Não será a obrigação moral de sair do estado de natureza que levará os homens egoístas a instituírem a sociedade civil, e sim a necessidade, a miséria (*Noth*), especialmente a pior das misérias, que é aquela que os homens infligem uns aos outros[79]. Os homens que vivem perto uns dos outros se agridem tanto buscando cada um sua satisfação que chegam a uma situação insuportável para todos, mas não basta que cada um queira ver o problema resolvido: "Sem dúvida, a vontade de todos os homens de viver individualmente segundo princípios de liberdade numa constituição legal (a unidade distributiva da vontade de todos) não é suficiente para este fim; é preciso que todos juntos queiram este estado (a unidade coletiva das vontades unidas). Tal solução de uma tarefa difícil é ainda exigida para que a sociedade civil torne-se um todo, e como a esta diversidade das vontades particulares de todos é necessário juntar ainda uma causa capaz de unificá-las para produzir uma vontade comum,

[78] Kant, *Rx.* 1.399.

[79] Kant, *Idee*, 8, 5ª Prop., 22.

o que nenhuma delas é capaz de fazer, não se pode contar para a execução daquela ideia (na práxis) de que o estado jurídico começasse de outra maneira que pela força – *Gewalt* –, sobre cuja coerção – *Zwang* – em seguida o direito público é fundado."[80] Kant insiste na origem violenta do estado civil na *Rechtslehre*, ao indicar a impossibilidade de encontrar sua origem na história, não sendo possível achar nenhum documento, porque os selvagens não "redigem nenhum instrumento de sua sujeição à lei, e é fácil tirar da natureza destes homens incultos que eles foram submetidos no início pela violência – *Gewalt*"[81]. Como a origem da sociedade civil não está em um contrato originário, mas neste poder/violência que unifica, e como algum homem terá que ocupar a soberania, é de esperar, levando em conta a natureza humana, que este não legislará segundo a ideia da soberania popular. Desta forma, um Estado é estabelecido como um sistema de leis coercitivas que pode estar distante dos princípios do direito natural e mesmo assim deverá ser obedecido. Além disso, os Estados procurarão cada um crescer, mesmo em detrimento dos outros, tentando dominá-los. Parece assim se constituir um impasse entre a teoria do direito político, das gentes e cosmopolita[82], e a realidade das instituições políticas relacionada às inclinações humanas.

A transformação das instituições políticas no sentido da aproximação aos padrões do direito natural é exigida pela razão prática e será de certo modo forçada pela própria dinâmica das relações entre os cidadãos e também pela relação dos Estados entre si. Recoloca-se então a questão da existência ou não de um plano das ações humanas dando um sentido para a História. Considerando os indivíduos, o quadro é desalentador. Os homens não agem nem apenas segundo os instintos, como os animais, nem como cidadãos racio-

---

80 Kant, *Zum ewigen Frieden*, 8, 371 (abreviado: *Z.e.F.*).

81 Kant, *Rechtsl.* 6, § 52, 339.

82 Kant condensa as exigências básicas de cada parte do direito público em três proposições, na forma dos artigos definitivos para a paz perpétua em *Zum ewigen Frieden*, 8: 1) "a constituição civil de cada Estado deve ser republicana" (349); 2) "o direito das gentes deve ser fundado numa federação (*Föderalism*) de Estados livres" (354); 3) "o direito cosmopolita deve se limitar às condições de uma hospitalidade universal" (357).

nais. Por todo lado se vê sede de poder e destruição, a maldade pueril e inútil; não se encontra assim um propósito racional próprio, mas apenas alguns casos de sabedoria em meio a uma situação caótica. No plano dos indivíduos chega-se a um impasse; mas, mudando a maneira de abordagem, Kant afirmará que "os homens, enquanto indivíduos, e mesmo povos inteiros, mal se dão conta de que, enquanto perseguem propósitos particulares, cada um buscando seu próprio proveito e frequentemente uns contra os outros, seguem inadvertidamente, como a um fio condutor, o propósito da natureza, que lhes é desconhecido, e trabalham para sua realização e, mesmo que conhecessem tal propósito, pouco lhes importaria"[83].

Há como que um ardil da natureza fazendo com que os homens e os povos, mesmo procurando atingir apenas seus interesses, acabem por realizar um propósito mais amplo e elevado. Assim a história poderá descobrir uma regularidade nas ações humanas, desde que as considere em larga escala e "o que se mostra confuso e irregular nos sujeitos individuais poderá ser reconhecido, no conjunto da espécie, como um desenvolvimento continuamente progressivo, embora lento, das suas disposições originais"[84]. O desenvolvimento completo das disposições naturais só pode se dar no homem como criatura racional na espécie e não nos indivíduos, diferentemente dos animais, que atingem individualmente sua destinação[85]. A destinação do homem diz respeito não ao instinto, mas à razão; uma geração transmite o que adquiriu à outra, sendo exigido um longo processo para plena realização de seus propósitos. Como assinalou Lebrun: "O conceito de história só tem sentido e utilidade se colocado na fórmula: 'a história da humanidade é diferente daquela dos homens' (*Rx.* 1499). Visto que a destinação natural do homem não decide a sua essência, dirigiremo-nos ao futuro do gênero humano; já que o indivíduo racional é mortal, confiaremos à espécie, imortal, a realização de seu destino racional abortado"[86].

---

[83] Kant, *Idee*, 8, 17.

[84] *Idem*.

[85] Kant, *Rx.* 1499.

[86] Lebrun, G., *op. cit.*, p. 654.

O antagonismo é o meio utilizado pela natureza para a promoção do desenvolvimento de suas disposições[87].

Ele será a causa da ordenação da sociedade e também de sua transformação gradual em direção a uma sociedade civil com uma Constituição republicana que garanta e administre o direito de maneira universal. Para entender o sentido do antagonismo no pensamento kantiano, convém ressaltar o que ele entende por oposição: "Duas coisas são opostas entre si quando uma suprime o que foi posto pela outra. Esta oposição é dupla: ou lógica, pela contradição, ou real, ou seja, sem contradição. Só se considerou até aqui única e simplesmente a primeira oposição, ou seja, a lógica. Ela consiste em afirmar e negar ao mesmo tempo algo de uma coisa. A consequência desta conexão lógica é nada (*nihil negativum irrepraesentabile*), como o enuncia o princípio de contradição. (...) A segunda oposição, a real, é aquela em que dois predicados de uma coisa são opostos, mas não pelo princípio de contradição. Algo que foi posto por outro é também aqui suprimido; mas a consequência é alguma coisa (*cogitabile*)."[88] No primeiro caso, por exemplo, afirma-se ao mesmo tempo que certo corpo está em movimento e em repouso, o que é impensável. Já na oposição real trata-se, por exemplo, de um corpo que está sujeito a duas forças que tendem a movê-lo em direções opostas – uma força suprime o efeito da outra e o corpo fica em repouso. A consequência é um nada que pode ser pensado (*nihil privativum, repraesentabile*). Kant introduz a noção de grandeza negativa, aquela que faz suprimir em outra considerada positiva uma grandeza igual a ela: dá o exemplo de um navio que vai de Portugal ao Brasil, sugerindo que se marque com o signo + as distâncias percorridas impulsionado pelo vento do leste para o oeste, e com o signo – o caminho percorrido impulsionado pelo vento de oeste para leste. Se os números indicam milhas, pode-se ter durante certo tempo + 10 – 3 = 7 milhas; a força negativa suprime parte da força positiva. Mesmo que Kant tenha "dado um golpe no dogma

[87] Kant, *Idee*, 4ª Prop., 20.

[88] Kant, *Versuch den Begriff der Negativen Grössen in die Weltweisheit Einzuführen*, Ak., 2, 171.

da indestrutibilidade intrínseca do positivo"[89], por outro lado, sua concepção do negativo como algo que é negativo apenas numa relação atenua sua inovação; "ele está longe de dar direito de cidadania ao Negativo-em-si, na medida em que o pseudonegativo a que ele quer conceder a presença é sempre apenas a resultante de duas realidades positivas"[90].

O antagonismo relativo à espécie humana é a insociável sociabilidade (*ungesellige Geselligkeit*), a inclinação a entrar em sociedade que está ligada a uma oposição a fazê-lo; "convém sublinhar que não temos apenas duas forças contrárias atuando num mesmo plano e que poderiam se anular e confinar cada indivíduo num imobilismo. O instinto de sociedade força o indivíduo a se associar com outro e, em contraparte, é o indivíduo como um todo racionalmente existente que domina suas tendências e as põe em função de seus interesses egoístas. De um lado, um simples vetor; de outro, uma atividade reflexionante e totalizante, que se opõe à tensão do instinto"[91]. Como os homens por seu egoísmo procuram fazer com que tudo se dirija para si, utilizando-se tanto da natureza como dos outros homens, eles esperam encontrar resistência destes e preparam-se para opor-se às suas tentativas. Este movimento de resistência desperta as capacidades dos homens, fazendo com que dominem sua inclinação à preguiça. Sem isto permaneceriam incultos, satisfeitos com a concórdia simplória de pastores; "o homem quer a concórdia, mas a natureza sabe mais o que é melhor para a espécie: ela quer a discórdia"[92]. A insociabilidade tem um papel fundamental como estímulo ao desenvolvimento. A concorrência tem um resultado altamente positivo, salientado na metáfora da árvore isolada que cresce completamente torta e as árvores da floresta que, na

---

[89] Lebrun, G., *La patience du concept. Essai sur le discours hégelien*, Paris, Gallimard, 1972, p. 283.

[90] *Idem.*

[91] Giannotti, J. A., "Kant e o espaço da história universal", *in Discurso*, nº 10, Revista do Departamento de Filosofia da FFLCH da USP, 1979, p. 33. Republicado nesta coletânea.

[92] Kant, *Idee*, 8, 4ª Prop., 21.

concorrência pelo sol e pelo ar, crescem retas e sadias. (Convém ressaltar que o antagonismo das duas tendências leva ao desenvolvimento contínuo e não a uma superação dialética[93].) Os homens são levados pela insociável sociabilidade a constituir um Estado civil e a tender para a realização de uma Constituição republicana em que haveria o máximo de liberdade, sem que um interfira na liberdade do outro, sendo também a situação em que cada um pode se desenvolver mais: o mesmo ocorrerá nas relações entre os Estados, em que no início a situação de guerra pode ter sido estimuladora do desenvolvimento, conduzindo porém a uma situação em que as guerras e seus preparativos tornam-se insuportáveis, forçando a constituição de uma federação de nações; por outro lado, o próprio espírito do comércio levará a que se assegure a hospitalidade aos viajantes. Desta maneira, os três artigos definitivos da *Z. Ew. Fried.*, já citados, que correspondem a aspectos essenciais do direito público, do direito das gentes e do direito cosmopolita, são favorecidos pelas disposições naturais, havendo um acordo com aquilo que os homens deveriam fazer segundo as leis da liberdade e da razão prática e não fazem, sendo forçados finalmente a fazê-lo[94]. Assim, a natureza "garante através do próprio mecanismo das inclinações humanas a paz perpétua, decerto com uma segurança que não é bastante para predizer (teoricamente) o futuro da mesma, mas é suficiente num propósito prático e faz com que seja um dever procurar conseguir este fim (que não é puramente quimérico)[95]". Além de ser um dever a realização da Constituição republicana e da federação de nações que possibilitem a paz perpétua, esta é promovida especialmente pela insociável sociabilidade: com o desenvolvimento das sociedades chega-se a um ponto em que é do interesse do próprio governante ir aperfeiçoando as instituições políticas. Se um

---

[93] "E. Jacobi acredita que o antagonismo kantiano é no fundo nada de outro que a dialética hegeliana. (Jacobi, E., 'Eine Kant-Rede', *in Altpreuss. Monatsschr.* 52, 1916). É para se dizer o contrário a este respeito, pois a correlativa ação conjunta de isolamento e associação na verdade leva ao desenvolvimento, não se suprime (*aufhebt*) em um mais alto nível de cultura, mas continua existindo e, mesmo no estado cosmopolita postulado, não desaparece." Weyand, K., *op. cit.*, p. 82, nº 173. ver Giannotti, *op. cit.*, p. 33.

[94] Kant, *Z.e.F.*, 8, 365.

[95] *Idem*, 368.

Estado negligencia a cultura, ele se enfraquecerá na sua relação com os outros Estados e, mais ainda, "a liberdade civil hoje não pode ser desrespeitada sem que se sintam prejudicados todos os ofícios, principalmente o comércio, e sem que por meio disto também se sinta a diminuição das forças do Estado nas relações externas. Mas aos poucos esta liberdade se estende. Se se impede o cidadão de procurar seu bem-estar por todas as formas que lhe agradem, desde que possam coexistir com a liberdade dos outros, tolhe-se assim a vitalidade da atividade geral e com isso, de novo, as forças do todo"[96].

Por isso, mesmo que seja apenas por motivos egoístas e busca de grandeza, os governantes deverão ampliar as liberdades, diminuir as restrições aos cidadãos, ampliar a liberdade de religião e favorecer a difusão das luzes. As reformas das instituições são exigidas pelo próprio desenvolvimento histórico, o progresso inscrito na própria natureza da sociedade.

* * *

Com a garantia da realização dos fins político-jurídicos[97], abre-se o campo de toda uma nova problemática, torna-se possível a filosofia da história e esta transforma a maneira de encarar a ação política, que passa a ser inscrita em uma série de ações com sentido. As ações políticas podem ser avaliadas pelo direito e a moral, e também pelo acordo com o sentido da história. Kant foi o primeiro que formulou "as questões sobre o sentido da história e da política para

---

96 Kant, *Idee*, 8, 8ª Prop., 28.

97 Herrero discute alguns aspectos desta questão: "O problema para Kant é se se pode encontrar uma *garantia* (não se é possível a unificação de liberdade e natureza do homem) que permita ver em todo momento na história real o sentido da realização efetiva do Soberano Bem político. Não é, pois, um problema da possibilidade intrínseca da paz perpétua, mas da *atuação* desta possibilidade, de se o que é possível será realizado pela liberdade dos homens e sem prejuízo dela. E, se este problema encontra solução, então se poderá também conceber uma filosofia da história, isto é, se poderá ter uma compreensão do todo das ações da liberdade na experiência, uma compreensão racional daquilo que, caso contrário, seria um aglomerado de loucuras" (Herrero, F. J., *Religión e historia en Kant*, Madri, Editorial Gredos, 1975, pp. 173-4). "Kant pode conceber uma filosofia da história política porque encontrou na natureza do homem uma garantia que assegurava o sentido das ações efetivas da humanidade" (*idem*, p. 209).

o homem, no lugar daquelas da melhor técnica política e das 'leis históricas'. A política cessa, com Kant, de ser uma *preocupação* para os filósofos; ela torna-se, ao mesmo tempo que a história, *problema* filosófico, agindo em, e sobre, a totalidade do pensamento: não se trata mais de *arranjar* história e política, trata-se de compreender seu sentido comum, o sentido que deve decidir sobre todo arranjo"[98]. As questões filosóficas sobre a política e a história adquirem novas significações, são formulados novos problemas. Estamos, aqui, longe das filosofias políticas clássicas, mas também dos pensadores que em meados do século XVIII transformaram a maneira de se encarar a história[99]. A partir de Kant a política passa a ser pensada junto com a história. No caso, uma política reformista liberal, apesar de baseada fortemente no Estado, está, de certa forma, garantida pelo sentido da história. Desta maneira, procura-se resolver na Alemanha a questão de "como produzir a ordem burguesa pós-revolucionária sem passar por uma revolução global da realidade"[100]. A Alemanha não precisaria sofrer nenhuma revolução, as reformas conduzidas

---

98 Weil, E., *op. cit.*, pp. 140-1.

99 "A abordagem de Kant em relação ao progresso, ao desenvolvimento e à teleologia difere da dos pensadores do Iluminismo. Para o Iluminismo o desenvolvimento alcançou seu termo em sua própria época, enquanto Kant não indica em princípio nenhum limite (*Grenze*) alcançável para os acontecimentos teleológicos, pois a razão afasta cada barreira (*Schrank*) de novo para novos termos, pois ela não conhece nenhum limite para seus projetos". Weyand, K., *op. cit.*, p. 177. Referindo-se aos escritores do período do Iluminismo, escreveu Croce: "Aquele progresso de que tanto se falava era, por assim dizer, um progresso sem desenvolvimento, e se manifestava sobretudo como um suspiro de satisfação e de segurança, parecido com o de quem, depois de muitas adversidades, favorecido pela sorte, vê com serenidade o presente, confia no futuro e desvia a mente do passado, ou aí retorna apenas por alguns instantes, para lamentar a sua rudeza, para desprezá-lo e para dele sorrir" (*Teoria e Storia della Storiografia*, Bari, 1927, p. 224, *apud* Weyand, K., *op. cit.*, p. 17).

100 Citando fora do contexto: Arantes, P. E., "Nota sobre a crítica da filosofia da história", *in Almanaque*, 3, São Paulo, Brasiliense, 1977, p. 57. Kant insiste no progresso das instituições políticas, mas ignora outros aspectos, por exemplo, a técnica; "o problema do progresso técnico não é fundamental em Kant e tudo se passa como se não houvesse aí um horizonte essencial. Conhecemos apenas um viés para atingir o verdadeiro pensamento de Kant a este respeito: convém observar que ele não pertence verdadeiramente à era industrial e que não avalia os espantosos sucessos técnicos que já estão em gestação em seu tempo" (Philonenko, A., "L'idée de progrès chez Kant", *in Études Kantiennes*, Paris, Vrin, 1982, p. 55). Em uma postura diferente da de Philonenko, talvez possamos dizer que Kant não percebeu a importância das transformações técnicas devido justamente à situação peculiar da Alemanha.

pelos governantes levariam a uma Constituição republicana e ao livre desenvolvimento do comércio e dos ofícios.

Convém ressaltar, entretanto, que a garantia de realização da Constituição republicana e da paz perpétua não constitui um conhecimento teórico, mas é suficiente em um propósito prático, o mesmo ocorrendo com o progresso: "que o mundo em seu conjunto sempre progride em direção ao melhor, isto não é autorizado a ser admitido por nenhuma teoria, mas a pura razão prática o autoriza, ela que prescreve dogmaticamente que se aja segundo uma tal hipótese, e assim constrói sobre este princípio uma teoria"[101]. Essa teoria pode ser apenas pensada, e no plano teórico não se pode demonstrar a sua realidade objetiva. Mas essa hipótese prática vinculada à garantia da paz perpétua tem importância para a ação na medida em que funciona como um acréscimo ao dever político-jurídico. Não só se tem o dever de agir em função da realização do direito, mas também é acrescentada a esperança de que sua efetivação se dará mesmo que inicialmente por uma via não deliberada. A concepção da filosofia da história dominada pelo progresso está em profunda concordância com outros aspectos do pensamento político e jurídico kantiano; "não é necessário sublinhar o quanto esta teoria do antagonismo como condição do progresso se insere em todo o movimento liberal que elevará a luta, a discórdia, a revolta, a concorrência, a discussão, o debate a seu próprio ideal de vida e oporá sociedades estáticas ou estacionárias a civilizações dinâmicas e progressivas, à medida que os conflitos sejam sufocados ou solicitados"[102].

---

[101] Kant, *Preischrift über die Fortschritte der Metaphysik*, Ak., 20, 307.

[102] Bobbio, N., "Kant e le due libertà", *in Da Hobbes a Marx*, Nápoles, Morano Editore, 1974, p. 161.

UMA ESCATOLOGIA PARA A MORAL

Gérard Lebrun

* Este artigo foi publicado inicialmente em francês, na revista de filosofia *Manuscrito*, órgão do Centro de Lógica, Epistemologia e História da Ciência da Universidade Estadual de Campinas, vol. 2, nº 2, abril 1979, pp. 43-65. Tradução: Renato Janine Ribeiro.

I

É a Kant, e não a Hegel, que remonta a oposição entre a *Historie*, disciplina do entendimento, e a *Weltgeschichte*, discurso sobre o sentido necessário da história[1]. É Kant, antes de Hegel, quem exclama: como é que a razão, presente na cena da natureza, poderia estar ausente da gesta da humanidade? Que o gênero humano esteja "progredindo para o que é melhor do ponto de vista do fim moral do seu ser" constitui uma hipótese muito razoável: "não necessito prová-lo; isso incumbe ao adversário"[2]. Será então Kant o fundador da Filosofia da História que ficou ligada ao nome de Hegel? A esse respeito, a avaliação dos intérpretes é bastante matizada. Eles ressaltam que a visão de um progresso ético-político da espécie humana (rumo à Cidade dos Fins, ao *jus cosmopoliticum* e à paz perpétua) não ocupa, afinal de contas, lugar central na filosofia prática. E, acima de tudo, parece difícil estabelecer uma conexão entre uma reflexão centrada na vocação do sujeito individual e a ideia de um desenvolvimento ordenado da espécie humana. Contra um Victor Delbos que se esforça ao máximo para ligar esses dois temas, muitos preferem ver, neles, duas direções divergentes.

Ora, parece-nos possível mostrar que não existe nenhuma falha entre os opúsculos sobre a História e a análise da razão prática, e até

[1] *Idee zu einer Allg. Geschichte*, 8, 30-31; trad. francesa de Piobetta, p. 78.

[2] *Theorie und Praxis*, 8, 308-09; trad. francesa de Guillermit, p. 53.

mesmo que é uma exigência inscrita nesta última que leva Kant a conferir cidadania filosófica ao "sentido da História". Se assim for, a *Weltgeschichte*, longe de ser uma noção marginal ante a razão prática, contribuiria para garantir a supremacia da razão prática. É esta a hipótese que eu gostaria de examinar nas páginas que se seguem. E, para determinar essa possível relação entre *Geschichte* e moralidade, partirei da noção, a um só tempo ética e escatológica, de *reino dos fins* (*Reich der Zwecke*).

Durante a exposição da *Grundlegung* (2ª seção), Kant parece introduzir – de maneira muito abrupta – o "reino dos fins" como uma espécie de corolário do princípio de autonomia – como um adendo que valeria a pena mencionar após a terceira formulação do imperativo: "Age como uma vontade que institui, com suas máximas, uma legislação universal." Dessa fórmula, diz Kant, pode-se tirar um "conceito muito fecundo": age com a intenção de fazer surgir um mundo de seres racionáveis*, que estariam em ligação sistemática uns com os outros, sob leis comuns[3]. Mas, para dizer a verdade, a concatenação dessas duas injunções não é óbvia. Como reconstituí-la?

Devemos começar, assim acreditamos, determinando exatamente que novidade o conceito de autonomia introduz na ordem das razões da *Grundlegung*.

1) Em primeiro lugar, a autonomia faz-nos superar a representação da Lei Moral como um "fato que não se pode absolutamente explicar por quaisquer dados do mundo sensível"[4]. Diferente do imperativo, que conservava a forma de uma pura e simples coerção, a autonomia nos aproxima da *ratio essendi* da determinação da vontade pela Lei, isto é, da liberdade. Por ser autônomo, deixo de ser um sujeito apenas dependente, consigo compreender que a obrigação incondicional a que estou submetido nada tem de gratuito: se

* No original francês há uma diferença entre *raisonnable* (dotado de razão – o que se vincula ao alemão *Verstand*) e *rationnel* (que usa a razão – cf. o alemão *Vernunft*). Como esse matiz se perde em português, e o vernáculo "razoável" conota-se da ideia de "comedido, moderado", arbitramos (com a concordância do autor) por traduzi-los respectivamente como "racionável" e "racional". (N. do T.)

3 *Grundlegung*, 4, 433; trad. francesa de Delbos, p. 158.

4 *KpV.*, 5, 43; trad. francesa de Picavet, p. 42.

obedeço à Lei sem estar impelido por algum outro móvel ou motivo, é *somente na medida* em que posso ver-me como o próprio instituidor dela, na qualidade de legislador universal[5]. Isso faz que não haja nenhum mistério no fato de que, agindo por dever, eu esteja necessariamente desligado de qualquer espécie de interesse (quer da atração de uma recompensa, quer da ameaça de coerção): este aparente sacrifício não passa do efeito da minha fidelidade à legislação que dou a mim mesmo.

2) Por aí já se anuncia o *segundo traço positivo* que caracterizará a fórmula da autonomia. Esta não se limita a salvar do arbitrário a representação que elaboro da Lei, ela também me capacita a *determinar melhor* o próprio conceito de Lei. – Se o imperativo se destinasse apenas a fornecer-me um cânon para a apreciação de meus atos, a primeira fórmula seria, seguramente, suficiente. Pois é impossível encontrar critério mais luminoso do que este: "Imagina que a tua máxima tenha o valor de uma lei universal da natureza – e examina, então, o que a sua aplicação acarretaria." Assim, não é deste ponto de vista que são úteis as outras duas fórmulas, mas sim porque contribuem, como diz Kant, para aproximar a representação da Lei da intuição – para "preparar um acesso" (*Eingang verschaffen*) à Lei. E a terceira parece ser ainda mais útil que a segunda, uma vez que esta ainda não estipula mais que uma cláusula *restritiva* de minha máxima: a humanidade como natureza racionável nunca passa de "uma condição suprema a *limitar* (*einschräkende*) a liberdade das ações de todo homem"[6]. A autonomia, ao contrário, é o primeiro enunciado que permite conferir, à minha máxima, um *sentido positivo* – e é precisamente isto que vai tornar sensível o conceito de "reino dos fins".

Qual é esse novo sentido do imperativo, que advém com a terceira formulação? Deve-se ao fato de que a autonomia nos permite analisar de uma forma diferente a ação feita por dever. Graças a ela, agir por dever não se restringe mais a reconhecer um *factum*; não se restringe mais – como na segunda fórmula – a *levar em conta* a

---

[5] *Grundl.* 4, 431; trad., p. 154. Cf. 4, 438.

[6] *Ibidem*, 4, 431; trad., p. 153.

existência objetiva de um fim-em-si. Se eu determino a minha vontade de modo a romper com toda motivação natural, é porque estou cumprindo a função de legislador *a que me destinava a natureza* (*wozu es durch seine eigene Natur schon bestimmt war*)[7]. De modo que minha obediência à Lei me aparece, agora, como o ato conforme, por excelência, ao sentido de minha existência. E, com isso mesmo, adquiro uma nova compreensão de *por que* nunca devo tratar a humanidade racionável como mero meio: cada vez que, por egoísmo, recuso a dignidade de ser racionável a outro homem, estou negando que o ser racionável seja, nessa sua qualidade, *legislador universal por natureza* – e assim, quer eu o queira ou não, a expressão "ser racionável" acaba designando, para mim, nada mais do que uma particularidade que especifica alguns viventes – um *fato natural*, não uma *vocação por natureza*. De passagem, observemos aqui que, quando Schopenhauer censura Kant por haver identificado arbitrariamente (e quase afoitamente, no seu entender) *ser racionável* e *ser virtuoso*, contra a autoridade de toda a tradição ética desde Aristóteles, ele não percebe que a separação, à primeira vista óbvia, desses dois termos é precisamente, ao ver de Kant, o sinal mais visível do que constitui o principal desvio da filosofia posterior aos *gregos: a naturalização da razão*. À qual Kant opõe justamente a imagem do ser racionável como sendo, de direito, *legislador para todos* – e sendo-o antes de qualquer outra determinação (e não um animal falante, *homo faber*, etc.).

Tal é o considerável progresso proporcionado pela etapa da autonomia: desde que tenho consciência desta, porto-me como o sujeito racionável *que sou chamado a ser*. Isto, é verdade, somente se compreende sob a condição de evitar-se o contrassenso – denunciado por Krüger[8] – que consistiria em ver na autonomia a compensação e atenuação da obediência (não é tão doloroso obedecer, pois estou obedecendo a mim mesmo...). A autonomia não transforma, absolutamente, o sujeito em uma espontaneidade criadora; ela não o convida a imaginar-se, quimericamente, como um legislador celeste.

---

[7] Krüger, *Critique et morale* (trad. de Régnier), p. 129.

[8] *Grundl.* 4, 432; trad., p. 157. 4, 435; trad., p. 162.

O que a autonomia determina ao homem é que "aja *como se* a Lei fosse o seu projeto próprio". E basta adotar esse *Standpunkt* para que o sujeito moral não mais apareça como um animal excepcional, que *por acaso* se vê esmagado pela Lei – como é o caso da consciência infeliz, à qual infelizmente ele foi assimilado com excessiva frequência. A autonomia é essa articulação que transforma um ser solitário e respeitoso, perdido na *natureza*, em membro de um reino feito *para que* todos os seres racionais possam desincumbir-se, em conjunto, da função que lhes é essencial. Se é verdade que somente a Ideia de autonomia capacita o homem a dar conteúdo positivo à sua condição de sujeito inteligível, é portanto, em última análise, porque a autonomia lhe determina que realize a tarefa puramente racional *para a qual foi criado*[9]. Autonomia e Criação são inseparáveis.

Daí se compreende que, não fosse o horizonte da Criação, seria impossível pensar-se o conjunto dos seres racionáveis como uma totalidade sistemática: a humanidade somente seria imaginável como uma pluralidade de pontos disseminados – da forma que aparece no plano da natureza sensível. Com efeito, para que se represente um reino de sujeitos legislando de comum acordo com vistas ao advento do Bem Soberano, é preciso supor-se que "todas as ações dos seres racionáveis advêm como que brotadas de uma vontade superior congregando, em si própria ou debaixo de si, todas as vontades particulares"[10]. Sem esse esquema teológico, o curto-circuito da autonomia e do reino dos fins ficaria incompreensível: por que, porque me coloco como ser suprassensível, deveria eu necessariamente reconhecer-me como pertencente a um *corpus mysticum*? Ora, aí está, precisamente aí, o que constitui a originalidade da injunção autonômica, se comparada com as duas primeiras fórmulas do imperativo: as três fórmulas, como observa Kant, estão articuladas pelas três categorias da quantidade (unidade, pluralidade, totalidade) – e o que caracteriza a terceira é que ela torna a Ideia da comunidade de direito dos seres racionais *constitutiva da represen-*

[9] Cf. *Streit der Fakultäten*, 7, 89.

[10] *KrV.*, 3, 525; trad., p. 546.

tação do imperativo[11]. Assim, com a autonomia muda o sentido do pensamento do Outro; deixa de ser o mero índex de uma necessária limitação de minha ação – e eu preciso parar de representar-me como um sujeito insular, cujo único cuidado deveria ser o de não lesar a humanidade nos meus pares. *Ser-sujeito*, agora, é antes de mais nada reconhecer que o ponto de vista do qual eu considero as minhas máximas é, "ao mesmo tempo, o ponto de vista de todo ser racionável enquanto legislador"[12] – é conscientizar-me de que pertencer ao "mundo inteligível" é a mesma coisa que participar da união dos seres racionáveis.

Há de se notar que, por esse simples característico, o sujeito – enquanto depositário da razão pura – diferencia-se infinitamente da consciência moral rousseauniana, que constitui apanágio de indivíduos *dispersos* por sua própria essência, e que somente poderão ser reunificados *mediante artifício*. Por haver-se tornado *racional*, a vocação moral necessariamente envolve um *reconhecimento* recíproco e remete, pois, a um *modelo político*. Para Kant, é o animal, e somente ele, que é indivíduo de pleno direito – e é por isso que a desnaturação só pode aproximar o homem da realização de seu *ser-comunitário*. O fato de que o reino dos fins constitua o horizonte da autonomia significa, pois, que o homem é um ser *político* somente *em acréscimo à sua natureza*, e que a *civitas Dei* é mesmo o único tipo possível para a expressão *mundus intelligibilis*[13]. É partindo dessa tese que Kant poderá dissolver a filosofia política tradicional (a que cuidava de estabelecer um sistema de relações de poder entre os *indivíduos naturais*) em uma teleologia do gênero humano, a qual descreverá a sua irresistível ascensão rumo à comunidade digna

---

[11] A primeira formulação, diz Kant, refere-se à forma da máxima (universalidade); a segunda, à matéria da máxima (finalidade); a terceira, a "uma determinação completa de todas as máximas... a saber, que todas as máximas derivadas de nossa legislação própria devem concorrer tanto para um reino possível dos fins quanto para um reino da natureza" (*Grundl.*, 4, 436; trad., p. 163).

[12] *Ibidem*, 4, 438; trad., p. 166.

[13] "O *mundus intelligibilis* enquanto objeto da intuição é somente uma ideia indeterminada; mas, enquanto objeto da relação prática de nossa inteligência com as inteligências do mundo em geral e com Deus como causa primeira prática do mundo, trata-se de um verdadeiro conceito e de uma ideia determinada: *civitas Dei*" (*Lose Blätter*, cit. *in* Krüger, *op. cit.*, p. 268).

de tal nome, a dos *sujeitos racionais*. Já por aí a ideia de "reino dos fins" desordenará, de maneira definitiva, os dados da antropologia política: o indivíduo humano (do qual partiam os pensadores políticos) não será mais, por definição, do que um ser "patológico", abstrato (uma ficção forjada pelo *Verstand* atomizador, engatará Hegel; a absolutização do burguês egoísta, continuarão os marxistas); e o único ponto de partida possível para o discurso escatológico, que então sucede ao discurso político, será a pessoa noumenal dedicada por sua essência a uma comunidade, o ser puramente racionável cujo modelo terreno obviamente não é mais o indivíduo, porém o membro do gênero humano, o *Gattungswesen*. Assim se instaura "o pensamento do rebanho", que mais tarde desabrochará em Feuerbach.

3) Reinterpretada à luz da autonomia, a obediência à Lei suscitará *o desenvolvimento de um projeto*: agir por dever será, também, pretender *realizar alguma coisa*. É este o *terceiro traço* que nos parece caracterizar a fórmula autonômica: ela e a Lei são "o que nos determina a dar às nossas vontades a forma do mundo sensível, como um todo composto de seres racionáveis"[14]. – Sem dúvida, não se cogita subordinar à busca de um objetivo a ação efetuada por dever: a Ideia de um fim-último de nossa atividade, precisa Kant, "extrai-se (*hervorgeht*) da moral, não é o que a fundamenta[15]". Entendamos, ainda, que a instauração do reino dos fins não se deve compreender como um objetivo que o sujeito moral teria necessariamente de propor-se: tal projeto é, antes de mais nada, o comentário do fato de que ele vive na autonomia. Isto aparece com toda a clareza na *Grundlegung* quando, ao concluir a exposição da autonomia, o autor *reencontra* a noção de "reino dos fins" simplesmente procedendo à análise da conduta do sujeito autônomo. É na

[14] *KpV*, 5, 43; trad., p. 43. – "Contudo, pela razão temos consciência de uma lei à qual estão submetidas todas as nossas máximas, como se uma ordem natural devesse ser parida por nossa vontade. Portanto essa lei deve ser a ideia de uma natureza que não é empiricamente dada, porém é possibilitada pela liberdade, de uma natureza suprassensível, à qual conferimos realidade objetiva, pelo menos de um ponto de vista prático, porque a consideramos como objeto de nossa vontade, enquanto seres racionais" (*ibidem*, 4, 44; trad., p. 44).

[15] *Religion*, 1ª Vorrede, 6, 5; trad. francesa de Gibelin, p. 23.

medida em que vive a autonomia que o homem visa a si mesmo e a todos os seres racionáveis como legisladores universais. E, tal visar espontâneo, o que é senão o "reino dos fins"? "*Ora, é desta forma* (*nun ist auf solche Weise*) que um mundo de seres racionáveis (*mundus intelligibilis*), considerado como reino dos fins, se torna possível – e isso através da legislação própria de todas as pessoas enquanto membros." Assim, *pelo mero fato* de eu me declarar autônomo e de escapar à "lei natural de minhas necessidades", consigo – finalmente – dar um sentido concreto à expressão *mundus intelligibilis*: o de um mundo composto apenas de vontades unificadas, que obedecem somente às leis que elas próprias instituíram – *civitas Dei*. Não se trata, pois, de projetar no termo do caminho a imagem de um reino idílico, que sustentaria o nosso esforço, mas sim de destilar a Ideia segundo a qual eu já me conduzo, simplesmente porque levo a sério o fato de pertencer ao mundo inteligível. Neste ponto, Kant está muito perto da "intuição intelectual", no sentido que lhe dará Fichte: "consciência imediata de que ajo e do que faço neste agir – *o meio pelo qual conheço algo porque o faço*".

Contudo, o que significa, exatamente, este *pertencer* ao mundo inteligível? O que quer dizer, aqui, *colocar-me como*, ou ainda *ser transportado idealmente pela Lei* para o mundo inteligível?[16] Certas frases da *Razão prática* poderiam induzir-nos a pensar que, porque o *factum* da Lei me dá a consciência de pertencer, positivamente, ao mundo inteligível, bastaria esta súbita revelação para nos garantir que tal mundo é real[17]. Em suma: deixe a razão prática mandar, que você será "transportado", por ela, além do sensível; você estará à vontade nesse mundo, do qual, porém, não tem nenhuma intuição... O mundo inteligível seria então, antes de mais nada, *acessível* de alguma forma – e, apesar de todas as advertências que se multiplicam na Crítica, o leitor seria tentado a concluir que a razão prática vence, no mesmo ponto em que a razão teórica havia fracassado. Mas não é nada disso. Não é verdade que a razão prática nos dê,

---

[16] "Pois a lei moral nos transporta (*versetzt*), segundo a Ideia, numa natureza onde a razão pura, se estivesse acompanhada de um poder físico proporcionado a ela mesma, produziria o Soberano Bem..." (*KpV*, 4, 43; trad., p. 43).

[17] Cf. *KpV*, 5, 106; trad., p. 112.

por pouco que seja, a divisar um ultramundo. "A possibilidade de uma natureza ultrassensível, cujo conceito possa também ser o fundamento para a realização dessa natureza por nossa livre vontade, não necessita de nenhuma intuição *a priori* (de um mundo intelectual) que, em tal caso, deveria ser, na condição de suprassensível, impossível para nós."[18] E também o *mundus intelligibilis* no qual me "transporto" não é como um país no qual eu pudesse ingressar. É simplesmente o conceito de um objeto que eu coloco *como realizável* – o que significa que a realidade objetiva que, espontaneamente (enquanto sujeito autônomo), eu confiro a esse "mundo" somente tem sentido nos sulcos *do ato* que visa tal mundo como realizável. O "mundo inteligível" não passa do horizonte de um ato – não é, absolutamente, algo que se ofereça a qualquer tipo de contemplação. – Bastará, aliás, desconhecermos este ponto para não entendermos mais nada da *postulação prática*. Pois então atribuiremos aos objetos *postulados praticamente* o mesmo modo de certeza dos atos *postulados teoricamente* (pelo matemático), e pensaremos que a asserção da possibilidade de tais objetos deriva de uma prévia garantia teórica. E nada é mais fácil do que essa confusão, dada a extrema dificuldade – da qual Kant tinha perfeita consciência – de se pensar na inédita dimensão do "*prático-dogmático*". Para evitar tal contrassenso, não devemos, portanto, nunca esquecer que o *mundus intelligibilis* jamais se desvenda sob a forma de uma posse garantida – toda a presença que ele tem mede-se pelo fato de que é solicitado pela determinação prática de minha vontade. E isto acarreta, quanto ao estatuto do "reino dos fins", duas consequências complementares:

1) Não se deve absolutamente recear – como poderia sugerir uma leitura superficial – que a ação moral alguma vez se pratique *com vistas a* me tornar membro da *civitas Dei*. Não esqueçamos que uma ação efetuada exclusivamente para a realização de um fim não poderá ser uma ação conforme à Lei – e a própria realização do "reino dos fins" não constitui exceção a isto. "Não é esse objeto que determina a minha vontade, é a Lei que me determina a almejar a

[18] *Ibidem*, 5, 45; trad., p. 45.

realização desse objeto."[19] Não fosse assim, haveríamos de convir que a efetuação da autonomia terminaria por nos lançar, absurdamente, na heteronomia... Por isso Kant tem o cuidado de precisar que não é em absoluto necessário, para eu me conduzir como sujeito autônomo, calcular que os outros ajam em concerto comigo[20], ou que a natureza vá seguramente favorecer o advento do reino dos fins. Não é a fé num *happy end* que condiciona a entrada na comunidade ética ideal – eu sempre devo proceder como se o surgimento do reino dos fins dependesse *apenas do meu esforço*[21].

2) Se o ato do sujeito autônomo não visa, portanto, a produzir um efeito que seria a realização de um fim, resta, porém, que tal ato *é inseparável da produção de um efeito*. E não se pode absolutamente negligenciar este outro aspecto da atividade autonômica. Cabe aqui insistir, com Krüger[22], no fato de que as leis morais *são também mandamentos*, e que, portanto, comportam "consequências" – cabe aqui recordar que, "por maior que seja o rigor com que Kant exclui tais efeitos enquanto motivos para a vontade, *ao mesmo tempo ele considera inteiramente natural* que esses mesmos efeitos estejam presentes". Desde que fique claro que a efetuação do reino dos fins não poderá, sem contradição grosseira, constituir o motivo para a obediência à Lei, também é verdade que esta Ideia deve ser muito mais do que um esquema cômodo que apenas servisse para conferir um sentido mais concreto à máxima da universalidade. Assim poderia ser se o ato do sujeito autônomo consistisse simplesmente em *declarar-se* membro, de direito, de uma ordem supranatural. Ora, o sujeito autônomo, como vimos, está muito longe de

---

[19] *Ibidem*, 5, 109; trad., p. 117.

[20] *Grundl.*, 4, 438-39; trad., p. 168.

[21] "Mas isso não constitui uma razão para permitir-se ao homem que permaneça inativo nesse negócio (a instituição de um povo moral de Deus) e deixe agir a Providência, como se cada qual pudesse cuidar unicamente de seu interesse moral particular e abandonar por completo, a uma sabedoria superior, os interesses do gênero humano. Ao contrário: cada um deve proceder como se tudo dependesse dele (*als ob alles auf ihn ankomme*), e é somente sob tal condição que ele pode ter a esperança de que uma sabedoria superior se digne a consumar o seu esforço bem-intencionado" (*Religion*, 6, 100-01; trad., pp. 135-36).

[22] Krüger, *Critique et morale*.

tal soberba – de tal estilo de "grão-senhor". O que ele afirma, *em cada um de seus atos,* é apenas que o reino dos fins do qual ele se torna digno poderá adquirir a realidade de uma natureza – e que a sua ação desinteressada de hoje contribui para a produção futura desse efeito.

II

Indubitavelmente, aqui se toma uma opção quanto ao futuro. O que podemos pensar acerca de seu valor? Nada, enquanto nos ativermos ao terreno no qual opera a *Crítica da razão prática*. Com efeito, a única tarefa desta é decidir se a razão pura pode, ou não, ser prática – não necessita, portanto, examinar o conceito regulador de "realização do mundo inteligível" além da estrita medida em que se trata de um projeto que determina a minha vontade[23]. Se o projeto é realizável ou não, pouco importa... – O que não quer dizer que se possa deixar essa questão em suspenso. Não se pode, ainda mais que neste caso o senso comum rapidamente decidiria contra o ideal prescrito pela razão: não é evidente que o mais escrupuloso cumprimento da moralidade jamais fez um homem ou uma geração avançar sequer um passo rumo ao surgimento de uma comunidade ideal?

Dessa forma, deparamos com uma dificuldade análoga à que tornou necessário o reconhecimento de uma postulação prática (embora seja preciso distinguir com todo o cuidado, conforme veremos adiante, postulação e aposta no futuro). Sem Deus e sem a imortalidade, dizia então Kant, o conceito de fim-último seria um engodo – e, afinal de contas, terminaríamos considerando "a própria Lei moral como mera ilusão de nossa razão"[24].

> *O efeito subjetivo desta lei, quer dizer, a intenção conforme a esta lei e por ela necessitada, de trabalhar para realizar o Bem Soberano praticamente possível,* supõe, pelo menos, que este último seja possível – *seria praticamente impossível al-*

---

[23] *KpV*, 5, 45-46; trad., p. 45.

[24] *Kritik der Urteilskraft,* § 91, 5, 471.

mejar o objeto de um conceito que, no fundo, seria vazio e carente de objeto[25].

O mesmo vale para o reino dos fins. Se nada, na experiência humana, autorizasse a diagnosticar um progresso da humanidade em direção a ele (como parece ser o caso), então o sujeito moral deveria resignar-se a viver com uma hipótese sem a qual a sua autonomia não poderia sequer ser representada, e que, não obstante isso, careceria de qualquer fundamento. Situação impossível – pois tornaria insustentável a pretensão à autonomia.

Assim se mede a importância que adquire, na filosofia prática, a estipulação das condições *sem as quais o homem não poderia persistir na sua intenção moral.* Com não ser condição para a Lei, a validade do conceito de fim-último não deixa de ser o indispensável requisito para o *exercício continuado* do dever. O parágrafo 87 da *Crítica da faculdade de julgar* é o texto fundamental a esse respeito, e a ele devemos constantemente retornar. Nele, Kant afirma com toda a clareza que o ateu virtuoso, se for consequente em seu ateísmo, não terá mais nenhuma razão subjetiva para viver conforme o dever. Não, é verdade, porque seja indiferente às imagens do Paraíso e do Inferno, mas porque inevitavelmente deixará corromper-se o sentido do imperativo, e assim a própria obrigação moral se tornará, para ele, algo já intrinsecamente absurdo. Todo esforço de aprimoramento pessoal deve parecer-lhe vão, perante a desesperadora sem-razão que marca o curso do mundo – e a expressão "fim-em-si" não lhe diz mais nada, desde que a sua condição de ser-racionável já não lhe aparece como uma vocação a cumprir[26]. Assim, uma vontade

---

[25] *KpV*, 5, 143; trad., pp. 152-3.

[26] "É da mais alta importância estarmos satisfeitos com a Providência (ainda que esta nos tenha traçado um caminho tão penoso neste mundo terreno), tanto para conservarmos coragem em meio aos perigos, quanto para não lançarmos a culpa no destino, perdendo então de vista a nossa própria falta, que bem pode ser a causa de todos estes males, e também negligenciando o seu remédio: o nosso aprimoramento pessoal" (*Mutmaszlicher Anfang*, 8, 121; trad. francesa, p. 169). "Quando não mais se trata, simplesmente, da representação do dever, porém da obediência do dever – quando não buscamos apenas o princípio objetivo das ações, *o que o homem deve fazer*, porém o princípio subjetivo, tal que (se pudermos pressupô-lo) possamos antecipar o que *o homem fará*, então é o amor, como livre aceitação da vontade de outrem sob as suas máximas, que

boa que se desincumbisse de sua tarefa apenas pela beleza do gesto, sem qualquer referência a uma teleologia moral – uma vontade boa, solitária e niilista, que tivesse o mecanicismo da natureza por único horizonte do seu agir, e não pudesse, portanto (por exemplo), dar conteúdo algum a palavras como "Providência" ou "*concursus* divino"[27], uma tal vontade, repetimos, estaria no perigo permanente de "recair sob o domínio do Mal"[28], a menos que persistisse na sua intenção por pura teimosia, ou seja, por alguma estupidez. Em suma: sem a crença em Deus, ou a confiança no surgimento do reino dos fins, os sujeitos morais não poderiam passar de autônomos virtuosos. É a fé prática que – longe de tornar a vida moral ambígua e suspeita de heteronomia – a salva da falta de sentido.

Se aconteceu que alguns intérpretes restringissem ao máximo o alcance da fé prática, por recearem que ela alterasse a pureza do imperativo, foi porque eles concentravam a "moral kantiana" na estrita observância da Lei, como se a moralidade devesse consistir exclusivamente em sentir o seu impacto. Mas o imperativo, por si mesmo, não ordena nenhuma ação; e a moralidade é também o *projeto de agir* sob a Ideia da autonomia. Portanto, ela *também* é "causalidade no mundo", como recorda o prefácio da *Religião*. E, deste ponto de vista, é impossível que o homem "se atenha unicamente ao que prescreve a razão pura": "constitui uma inevitável limitação do homem (e talvez, igualmente, de todo os demais seres mundanos), e da sua faculdade da razão prática, o inquietar-se com o re-

---

constitui um indispensável complemento à imperfeição da natureza humana (para obrigá-la a cumprir o que a razão prescreveu como lei). O que não se faz de bom grado faz-se com tanta mesquinharia, encontram-se mesmo tantas escapatórias sofisticas para a lei do dever que, sem o concurso do amor, não se pode contar demais com esta lei enquanto móvel" (*Ende Aller Dinge*, 8, 337-8; trad. francesa de Festugière, p. 175).

27 "Do ponto de vista moral-prático (que, portanto, está totalmente dirigido para o suprassensível), por exemplo na crença de que Deus suprirá os defeitos de nossa própria justiça desde que a intenção tenha sido reta, e isso através até de meios que nos são impenetráveis, e (na crença de) que não devemos, pois, negligenciar nada em nosso esforço para o bem – o conceito do *concursus* divino é inteiramente apropriado e mesmo necessário. Só que é óbvio que ninguém deve tentar *explicar* desta maneira uma boa ação como um acontecimento no mundo, o que constituiria um pretenso conhecimento teorético do suprassensível, e seria, portanto, absurdo" (*Zum ewigen Frieden*, 8, 362; trad. francesa Darbellay, p. 115).

28 *Religion*, 6, 94; trad., p. 126.

sultado de todas as suas ações, para assim descobrir o que possa servir-lhe de fim...”[29]. Disto se segue que é absolutamente necessário que a razão prática proponha ao homem um fim-último de sua ação, e que desta forma ela “se estenda *por sobre a Lei moral* (*sich über das letztere erweitern*)”. “Faze do maior Bem possível no mundo o teu fim-último”: esta injunção da razão é indispensável para que os homens sejam capazes de *viver a moralidade* – o que jamais poderiam, se não passassem de mecânicos executantes da Lei, e o suprassensível só tivesse para eles o aspecto de uma autoridade.

De resto, seria um equívoco ver, nessas teses, apenas um corretivo de “bom senso”, uma advertência para que retornássemos ao “concreto”. O que está em jogo é muito mais importante – e é por isso que a interpretação unilateralmente “autoritarista” da moral leva, afinal de contas, a uma falsa compreensão do que é a condição do sujeito finito. Uma tal leitura, é certo, não falsifica a análise da ação cometida por dever. Mas, na medida em que relega a um segundo plano a impulsão prática de realizar o suprassensível, deixa de considerar a diferença entre *afinitude teórica*, que confina o *Sinnenwesen* nos limites da possibilidade da experiência, e a *finitude prática*, que leva o sujeito a superar-se a si próprio no suprassensível, e cuja característica está justamente em trabalhar *por se suprimir*. Assim, o suprassensível não designa *o mesmo além* para o sujeito teórico e o sujeito prático. E o traço que melhor caracteriza este último, *enquanto sujeito racional*, não é, em definitivo, a escravização à Lei – pois isso apenas o afunda, mais e mais, no seu *ser natural*, na sua condição profana –, e sim o fato de que ele vise o suprassensível como objeto de crença, não mais sob o signo de um interdito. A moralidade, portanto, não é de forma alguma uma outra maneira que o homem teria de viver a sua relação com um além indecifrável[30].

---

[29] *Ibidem*, 6, 7; trad., p. 26. Sobre a impossibilidade de fato de uma determinação voluntária no homem sem a representação de um fim, e sobre a necessidade de que o homem se interesse pelo resultado da ação efetuada por dever, cf. *ibidem*, 6, 4-5.

[30] Ver as “duas hastes” (*zwei Angeln*) em torno das quais gira a metafísica, segundo os *Fortschritte* (20, 311; trad. francesa de Guillermit, p. 76): “1) a doutrina da idealidade do espaço e do tempo que, do ponto de vista dos princípios teóricos, indica simplesmente o suprassensível, *mas enquanto incognoscível para nós...* – 2) a doutrina da realidade do conceito de liberdade, *enquanto conceito de um suprassensível cognoscível*, no que, unicamente, a metafísica é dogmática no plano prático”.

Ao contrário: ela atesta que o *incognoscível* segundo a Crítica teórica não é sinônimo de *impossível em si*, nem de *irrealizável*. Sem o que, desabaria a moralidade, pois o seu fundamento seria solapado pelo ceticismo que a Crítica teórica poderia engendrar. O sujeito que não tivesse fé no suprassensível não seria capaz de *colocar-se* como autônomo: sua autonomia não passaria de um sonho seu, já que para ele o reino dos fins não seria mais que um fantasma. Consciência quietista, ele bem poderia proclamar-se fim-último da Criação – mas tais palavras não significariam nada, pois ele não poderia levar a sério a visada escatológica (a realização do Soberano Bem) que o cumprimento da Lei envolve e, portanto, não agiria com vistas a *tornar-se efetivamente* fim-último.

A "moral kantiana" perde o aspecto de abstração que tanto lhe foi censurado, se considerarmos que não se refere a um sujeito sensível que *por acaso também* é dotado de razão, mas a um *Weltwesen* que é capaz de *tornar-se racional*. O que implica que ele deve ter interesse em viver submetendo-se (sem interesse) à Lei – que deve estar em condições de aspirar a ser membro de um reino *que advirá* – e que, se tomar o cuidado de "conduzir-se segundo as máximas da liberdade *como se estas fossem leis da natureza*[31]", será preciso que esse "como se" tenha para ele outro sentido que não o de mera cláusula retórica. – Um platônico niilista: seria esta a absurda condição do sujeito moral submetido à Lei, se ele não considerasse, *enquanto age*, que natureza e liberdade *podem* unificar-se neste mundo sob a lei da liberdade, e que o fenômeno *poderá* conformar-se ao suprassensível.

III

Contudo, basta formular essa condição de exercício da moralidade para perceber-se que ela não se inscreve, sem maiores dificuldades, no sistema crítico: por "prático-dogmática" que seja a nossa esperança, já não constituirá ela um sinal de muita presunção por parte de "pobres filhos da Terra"? Vamos ainda adiante. Se analisar-

---

[31] *Grundl.*, 4, 462; trad., 208.

mos melhor o sistema das condições *sine qua non* da moralidade efetiva, parecerá que iremos ter em um beco sem saída.

É o caso de resumirmos a situação. *Em primeiro lugar*, tenho o dever de trabalhar em prol do avanço do Soberano Bem, e estou, portanto, obrigado a postular as condições sem as quais tal objeto não poderia passar de miragem: Deus, a minha existência inteligível, a imortalidade da alma. *Em segundo lugar*, esta própria postulação não pode permanecer como mera declaração de princípio ("quero que exista um Deus..."): deve passar à minha vida, determinar minha conduta. *Da mesma forma*, o reino dos fins, condição para a representação e o funcionamento da autonomia, não pode conservar-se apenas como um piedoso ideal para o sujeito autônomo. Tenho, portanto, o dever de tornar *militante* a minha postulação. Tenho o dever de trabalhar concretamente, em concerto com os demais, pelo "estabelecimento do Reino de Deus *na terra*"... Mas como obter, desta feita, a garantia de que tal empreendimento não será vão? A questão se coloca, e com urgência. Pois é somente de Deus, não dos homens, que depende a instituição de um povo moral[32]; somente Deus pode associar as forças dos indivíduos com vistas a um resultado comum[33]. Ora, o problema é que eu não tenho absolutamente *nenhum direito a pretender conhecer Deus como Providência*. Isto seria ultrapassar a teologia moral em direção a uma teosofia ou "demonologia"[34] que, em vez de determinar o Ser Supremo como soberano legislador do reino dos fins, representá-lo-ia abusivamente como uma instância de intervenção no curso do mundo. Seria, pois, retornarmos, claramente, de uma determinação apenas prática a uma determinação teórica do suprassensível. É justamente contra isso que Kant não perde ocasião de nos prevenir. Por exemplo, quando proíbe que se substitua a fórmula "o homem sob as leis morais (*unter moralischen Gesetzen*) é o fim-último da criação" por esta outra expressão: "o fim-último da Criação é o homem *agindo segundo as leis morais* (*nach moralischen Gesetzen, d. i. ein solcher, der sich ihnen gemäsz verhält*)":

---

[32] *Religion*, 6, 100-01; trad., p. 135.

[33] *Ibidem*, 6, 98; trad., p. 132.

[34] *Kr. Urteilsk.*, § 86, 5, 444.

> *Valendo-nos de tal expressão, estaríamos dizendo mais do que sabemos: a saber, que está no poder de um Criador fazer que o homem se conduza sempre em conformidade com as leis morais, o que presume um conceito da liberdade e da natureza (em relação à qual o Criador somente pode ser pensado como exterior), o qual conceito haveria de incluir uma visão do substrato suprassensível da natureza e da sua identidade com o que torna possível, no mundo, a causalidade pela liberdade – o que ultrapassa, de muito, o alcance da nossa razão* (Vernunfteinsicht*)*[35].

Portanto, a confiança no curso do mundo não poderia ser de ordem teológica. É por isso que Kant prefere falar em desígnio da "natureza", mais que da Providência[36]. E quando, ainda assim, utiliza o termo *Providência*, esta palavra está longe de designar o desenvolver-se de um desígnio divino. O que Kant chama de "Providência" é um desenvolvimento das *potencialidades naturais* do homem, que certamente não passa pela iniciativa nem pela boa vontade dos indivíduos[37] – por exemplo, o fato de que são os antagonismos sociais e as guerras que fazem avançar a realização do Soberano Bem político. A força dessa "Neoprovidência" (que já não tem nada em comum com uma finalidade consciente de Deus) está em que ela sistematicamente desarma os projetos dos seres finitos, ou desvia os fins que eles almejam para efeitos insuspeitados. – Seria fácil mostrar que o Espírito-do-Mundo, em ação na História hegeliana, sucede a esta "Providência" sem rosto, e não, de forma alguma, ao Deus de Agostinho ou de Bossuet. O homem histórico não é o joguete de um Deus antropomórfico, mas a criatura cujos projetos, por princípio, são constantemente ultrapassados pelo desenvolvimento da Ideia.

Assim se descartando todo recurso à Providência dogmática, que fundamento dar a esta confiança no progresso da moralidade, da qual o sujeito moral tanto necessita? Pois é *preciso* – conforme sabemos – que cada homem, para compensar a sua impotência individual,

---

35 *Ibidem*, § 87, 5, 448-9.

36 *Z.e.F.*, 8, 362; trad., p. 117.

37 Cf. *Idee*, 8, 30; *Th. Praxis*, 8, 310; trad., pp. 55-6.

se una aos "homens bem-intencionados" e milite no partido do Bem[38]. Esta é uma *injunção suplementar* que a razão me dirige, um dever a mais que ela me prescreve – não mais, é verdade, enquanto indivíduo, porém na qualidade de membro do gênero humano.

> *Mas, como o supremo bem moral não se realiza somente mediante o esforço de uma pessoa singular em direção ao seu próprio aperfeiçoamento moral, porém exige a união em uma totalidade com vistas ao mesmo objetivo, um sistema de pessoas bem intencionadas (*wohlgesinnter*) exclusivamente no qual e graças à unidade do qual este bem pode ser realizado – mas, como a ideia de uma tal totalidade enquanto república universal fundada em leis de virtude é uma ideia diferente por completo de todas as leis morais (que dizem respeito ao que sabemos estar em nosso poder) –, uma ideia que nos impele a agir com vistas a um Todo que não sabemos se está, enquanto tal, em nosso poder, por conseguinte este dever, por seu gênero e princípio, é inteiramente distinto de todos os demais.*[39]

Este dever completamente singular impõe-me uma tarefa que, com toda a certeza, só depende de mim cumprir ou não. De modo que preciso – e isso sem recorrer, repitamos, a qualquer forma de teosofia – *tornar pensável*, agora, o cumprimento deste dever diferente dos demais. E, neste sentido, a hipótese de um irresistível progresso rumo ao melhor poderia passar pelo equivalente de uma postulação prática. Contudo, Kant aqui já não utiliza o termo "postulação". E isso pela razão que se segue. O que pedimos à hipótese do progresso não é somente que ponha a salvo, de toda objeção de ordem teórica, um conceito ao qual a prática nos força a conferir realidade objetiva (como é exatamente o caso da postulação): pedimos-lhe, *além disso*, que nos garanta a possibilidade de uma passagem do sensível ao suprassensível. Enquanto, na postulação prática propriamente dita, a razão prática nos autoriza a negligenciar a convicção (teórica) segundo a qual o fim-último é irrealizável, aqui ela

---

[38] *Religion*, 6, 94; trad., p. 126.

[39] *Ibidem*, 6, 97-8; trad., p. 132.

nos leva a *dar um passo a mais*. Ela nos permite "substituir o curso do mundo considerado como fenômeno" pelo mundo "como objeto em si", do qual se pode então afirmar que "não para de progredir rumo ao que é melhor"[40]. Esta suposição é indispensável, como vimos, para o cumprimento *efetivo* da moralidade. Mas ela nunca poderá ser mais que uma "*opinião altamente razoável*", sem comum medida com um postulado prático. Já o postulado é diretamente imposto por uma necessidade prática da razão, de modo que

> *(a razão) não necessita de algum apoio vindo de outro lado (*keiner anderweitigen Unterstützung*), da opinião teórica sobre a estrutura interna das coisas, a secreta finalidade (*geheime Abzweckung*) da ordem do mundo, ou de um moderador que o governe, para obrigar-nos, tão completamente quanto possível, a ações incondicionalmente conformes à Lei.*[41]

Ora, é precisamente esta *Unterstützung* que nos é proporcionada pela hipótese teleológica do progresso rumo ao melhor. É precisamente esta garantia relativamente a uma "secreta finalidade da ordem do mundo" que dispõe o sujeito moral a iniciar a constituição de uma comunidade ética. Em outras palavras, a moralidade, desta feita, fomenta muito mais do que uma simples disposição voltada para a prática: *o que ela faz é engendrar uma "teoria"*. E é por isso que, numa página dos *Fortschritte* (a qual podemos considerar como um complemento da passagem da *Razão prática* que acabo de citar), Kant apresenta a hipótese do progresso moral da humanidade *como uma "teoria"* que a razão prática nos força a construir[42].

Será, então, que a razão prática nos autorizaria a *especular*, pelo menos neste ponto? Na mesma página dos *Fortschritte*, afirma Kant

---

[40] *Fortsch.*, 20, 307; trad., p. 71.

[41] *KpV*, 5, 142-3; trad., p. 152.

[42] "Nenhuma teoria autoriza o homem a admitir que o mundo, em seu conjunto, não para de progredir para o que é melhor – mas a razão pura prática autoriza-o, ela que dogmaticamente prescreve ao homem que aja partindo de uma tal hipótese e, dessa maneira, constrói sobre tal princípio uma teoria (*so nach diesem Prinzip sich eine Theorie macht*), à qual tudo o que ele pode conceder – do ponto de vista em que (ele) se situa – é que ela é pensável, o que não basta, longe disso, para provar no plano teórico a realidade objetiva desse ideal" (*Fortsch.*, 20, 307; trad., p. 71, Cf. 20, 294; trad., p. 55).

que *nenhuma teoria propriamente dita* legitima a admissão de um progresso do mundo rumo ao melhor – que, portanto, aqui se trata apenas de uma "teoria prático-dogmática", encarregada de nos fornecer uma garantia (*Sicherheit*) que nos faça persistir em nosso esforço, e isso sem proporcionar certeza alguma quanto ao objeto, nem poder fundar qualquer predição do futuro[43]. Mas isso não impede que aqui o discurso imposto pela prática às vezes imite tanto o discurso de pretensão teórica, que até poderíamos confundi-los. A nova asserção "prático-dogmática" é incomparavelmente mais audaciosa que as demais, porque já não trata da existência de um objeto suprassensível, mas de um estado de coisas que deverá advir no sensível. É *neste mundo* que a ideia de progresso nos faz pressentir uma "intenção racionável perfeita[44]", e que o filósofo, à luz da Revolução de 1789, pode prever o advento da "Constituição republicana": "Ora, partindo dos aspectos e sinais precursores de nossa época, afirmo-me capaz de predizer ao gênero humano, embora não tendo espírito profético (*auch ohne Sehergeist vorhersagen*), que ele atingirá este fim e, ao mesmo tempo, que não haverá mais regressão no seu progresso para o que é melhor"[45]. Assim, a hipótese do progresso, da mesma forma que a postulação prática, autoriza-nos a rejeitar a autoridade da "prudência" teórica e o seu desencantado empirismo. Mas a diferença está em que ela o faz em nome de um "por que não?" – que podemos considerar tão razoável, pelo menos, quanto seria uma aposta no progresso técnico. Uma aposta na aviação, por exemplo.

> *As razões empíricas invocadas contra o sucesso destas resoluções inspiradas na esperança não funcionam aqui. Pois pretender que jamais terá êxito o que não teve até nossos dias não nos autorizaria sequer a desistir de um desígnio de ordem pragmática ou técnica (por exemplo, a viagem aérea em aerostato),*

---

[43] "É assim que a natureza garante a paz perpétua pelo mecanismo mesmo das inclinações humanas; e, embora tal garantia não seja suficiente para se poder *prever* (teoricamente) o seu surgimento, ela basta, do ponto de vista prático, e faz que seja um dever o tender a esse objetivo (que não é puramente quimérico)" (*Z.e.F.*, 8, 368; trad., p. 127).

[44] *Idee*, 8, 30; trad., p. 78.

[45] *Streit Fakult.*, 7, 88; trad., p. 104.

> *quanto mais de um desígnio de ordem moral, que se converte em dever desde que a impossibilidade de realizá-lo não esteja estabelecida em uma demonstração.*[46]

Que haja uma História, que seja possível e até mesmo recomendável representar-se "o agregado das ações humanas como formando, pelo menos em linhas gerais, um sistema" – será isso uma asserção teórica, ou uma asserção prático-dogmática? Parece, antes, que aqui entramos numa rubrica mista: a do ideológico. – Por um lado, *não se trata de teoria*: "nossa visão é demasiado curta para penetrar o mecanismo secreto do organismo da natureza", e uma história "composta segundo a ideia do caminho que o mundo haveria de trilhar, se fosse adaptado a objetivos racionáveis seguros", pode passar por um projeto de "romance". Assim, o discurso da *Geschichte* não pretenderá oferecer uma análise da empiria melhor que a história dos historiadores: não é esta a sua ambição (e Hegel insistirá bastante nessa total heterogeneidade dos dois domínios). Mas, por outro lado, *o interesse moral proíbe-nos de ler a* Geschichte *como um romance sobre o "andamento das coisas"*: "se podemos admitir que a própria natureza, no jogo da liberdade humana, não procede sem plano ou sem intenção final, vemos que tal ideia bem poderia tornar-se utilizável..."[47]. Na verdade, não apenas podemos, como devemos, admitir essa ideia, senão privaremos de qualquer base a moralidade militante... Em suma, a História não passa de uma simili-teoria. Mas o interesse prático que a engendra é de tal peso que temos de considerar essa vetorialização como a única solução que nos evite relegar "as ações e reações dos homens em seu conjunto" no acaso epicúrico[48] e, portanto, nos permita conferir-lhe um valor parateórico. Assim vemos, também, onde se enraíza a oposição *Historie/Geschichte*, que imuniza nossa confiança *racional* no "sentido da História" contra todos os argumentos *de entendimento* retirados da "história" (cf. o desprezo hegeliano pelas "lições da história").

---

[46] *Th. Praxis*, 8, 309-10; trad., p. 55.

[47] *Idee*, 8, 29; trad., p. 76.

[48] *Ibidem*, 8, *25;* trad., p. 71.

IV

Deveríamos concluir, do que expusemos, que Kant – pelo menos uma vez – esquece o seu rigor crítico e a sua severidade em relação aos visionários? Que também ele pode ser apanhado em flagrante delito de divagação? Não o afirmaremos, porém. Observemos, antes, que o conceito de História é constituído de tal forma que, embora respondendo a uma exigência imprescritível da prática (é esse o ponto que, até agora, mais enfatizamos), respeita a limitação crítica do saber. Apostando na História, com efeito, o "homem bem-intencionado" evita duas tentações especulativas, duas "aventuras do lado do transcendente". E a História teleológica também é a resultante de duas recusas: 1) recusa de readmitir uma Providência dogmática, como já vimos – 2) recusa do utopismo – a tal ponto que poderíamos definir a *Geschichte* como o mínimo ideológico que nos preserva do "misticismo".

Se a razão prática somente pudesse fazer-me trabalhar para o avanço do bem na medida em que me obrigasse a crer que os homens, à minha volta, fossem transformar-se de um único e comum impulso em vontades boas[49], é porque ela me estaria convertendo num desses iluminados que Kant jamais poupou de seu sarcasmo. "Não devemos prometer-nos demais acerca dos homens, no seu progresso rumo ao melhor, para assim não nos expormos às justas zombarias do político, que tenderia a tomar esta esperança como sendo o devaneio de uma cabeça exaltada (*Träumerei eines überspannten Kopfes*)."[50] – Seria derrisório que a observância da moralidade dependesse, em última análise, da visão de um porvir edênico, que resultaria de uma "segunda Criação". Derrisório e, mais ainda, filosoficamente insano. Pois aquilo cuja possibilidade o visionário (ou o revolucionário) pretende afirmar é, muito simplesmente, traduzindo em termos kantianos, a irrupção do suprassensível – um novo "fim dos tempos", análogo ao que proclama (absurdamente,

---

[49] *Religion*, 6, 95; trad., p. 127.

[50] *Streit Fakult.*, 7, 92; trad., p. 110.

no entender de Kant) o anjo do Apocalipse[51]. Se apenas pudéssemos considerar pensável o reino dos fins imaginando "misticamente" *que tivesse a sua instauração deliberada por vontades santas*, isso significaria que a exigência surgida da prática fosse desembocar na pretensão especulativa a mais delirante, pois estaríamos confundindo causalidade inteligível e causalidade fenomenal das ações. Mas a razão prática não nos pede tanto. É a custos muito inferiores que ela nos autoriza a "assimilar a conduta do homem, neste mundo, à sua conduta celestial". Se ela nos remete à ideia de uma junção do fenômeno e do suprassensível, esta não se deve conceber como *um acontecimento por vir* (mesmo em Hegel não haverá, falando-se com rigor, "fim da História") – e o *mundus noumenon jamais tomará forma sensível*. Por aí, escapamos ao perigo da divagação. Mas, em compensação, ficamos capacitados a interpretar o fenômeno (humano) como se este fosse destinado, *por natureza*, a tornar-se *mundus noumenon* – como se fosse um mandamento *da sua natureza animal* que forçou a humanidade a *desnaturalizar-se* e a realizar-se enquanto puramente racional. Se não é nada aberrante ler, ao largo da desordem da "história *física*" (sucessão fenomenal de sequências causais), uma "história *pragmática* da espécie" (o desenvolvimento de um plano sistemático), é porque temos o direito de refletir sobre a humanidade referindo-a ao seu fundamento suprassensível – supondo, por conseguinte, que a sua animalidade *é apenas* a condição da qual ela deve ser expulsa.

Encarar a humanidade como ser histórico, assim, não é tanto uma asserção doutrinal (teórica, a usarmos os termos próprios), quanto um juízo de reflexão pelo qual se visa o homem na sua ambiguidade: não somente animal *e* ser racionável, mas animal *para tornar-se racionável*. O opúsculo de 1784 abre-se com a constatação dessa ambiguidade. De quem se fala?, pergunta Kant: nem de "animais que simplesmente seguem os seus instintos", nem de "cidadãos racionáveis do mundo que se portam segundo um plano globalmente determinado" – "de tal modo que, no final, sequer sabemos mais que conceito devemos ter de nossa espécie tão enfa-

---

[51] *Ende aller Dinge*, 8, 333-4.

tuada de sua superioridade"[52]. E, desta incerteza, nasce, justamente, a única orientação possível: a ideia de um aperfeiçoamento racional da humanidade, que a natureza pretende levar a termo *neste mundo – mas sem que os homens tenham consciência disso.* Esta cláusula de inconsciência é fundamental: é ela que torna utilizável a História, pois a converte numa suposição *não-mística*. Em suma, a razão prática, longe de nos lançar numa especulação sobre a Providência, somente nos incita a formular o seguinte problema: dado que seria quimérico aguardarmos o aparecimento de uma sociedade angélica, vamos encontrar o mecanismo graças ao qual os indivíduos, *mau grado seu* e mesmo *a contragosto,* são *forçados* a moralizar-se progressivamente.

> *O que faz a natureza, segundo esse desígnio, para conduzir o homem ao objetivo estabelecido como um dever por sua própria razão e, portanto, para favorecer a sua intenção moral – e como garante ela a execução do que o homem* deveria *fazer, mas não faz, segundo as leis de sua liberdade, de tal modo que ele seja* forçado *a fazê-lo, sem prejuízo dessa liberdade, mesmo por uma coerção natural...?*[53]

Daí provém o caráter muito singular da esperança que a *Geschichte* fomenta. Ela não nos leva a imaginar *o dia em que* os homens finalmente começariam, em plena consciência, a cumprir a missão a eles confiada pelo Criador: esta miragem a moralidade felizmente pode dispensar. A confiança do sujeito moral repousa em coisa inteiramente distinta: no olhar para trás que lhe permite constatar que a humanidade, sem o querer, *já* avançou nessa via, e que o suprassensível *já* fez um caminho terrestre (através do antagonismo dos interesses, através das guerras, através da cultura e dos vícios por ela propagados – por mais que isso desagrade a Rousseau...). E, isso, sem que os seres sensíveis nisso tomassem qualquer parte. É por aí que a noção de *Geschichte* permite satisfazer a exigência imposta pela razão prática, ao mesmo tempo que, elegantemente, concilia o

52 *Idee,* 8, 17; trad., p. 60.

53 *Z.e.F.*, 8, 365; trad., p. 123.

que, de um ponto de vista crítico, poderia aparecer como inconciliável. – O aparente inconciliável assim era enunciado na *Razão pura* (na solução da terceira antinomia):

> *(...) O dever* (das Sollen*), quando temos ante os olhos apenas o curso da natureza, não tem significação alguma. Não podemos perguntar o que* deve *suceder (*was geschehen soll*) na natureza, da mesma forma que não podemos indagar que propriedades um círculo* deve *ter; mas podemos perguntar* o que acontece *(*was geschieht*) na natureza, ou quais são as propriedades do círculo. Um tal dever exprime somente uma ação possível, cujo princípio não passa de mero conceito, enquanto – ao contrário – o princípio de uma simples ação natural tem de ser um fenômeno. Ora, a ação, quando o dever se aplica a ela, certamente deve ser possível sob as condições naturais; estas, porém, em vez de se referirem à determinação da própria vontade, apenas se referem ao efeito e à consequência desta no fenômeno.*[54]

Ora, assim vemos que, graças à História, *o que acontece* na natureza humana, com o correr das gerações, torna-se sistematicamente conforme *ao que deve acontecer*, e há, portanto, um "curso da natureza" que dá significação ao *dever*. Mas isso sem se atenuar, um mínimo que seja, o rigor da separação entre causalidade fenomenal e causalidade inteligível. É por isso que é tão necessário que os atores históricos sejam cegos: sem essa "genialidade" da humanidade, a filosofia crítica não teria condições de tornar aceitável a ideia de uma junção entre sensível e suprassensível, da qual o sujeito moral necessita. É *a astúcia da razão histórica*, e ela só, que torna crível a realização *fenomenal* de nossa destinação de *seres criados* (de *coisas-em-si*) – sem que, com isso, se coloque em questão a clivagem do sensível e do inteligível. O fato de que tal conceito haja sobrevivido à supressão, por Hegel, do suprassensível kantiano, constitui uma prova suplementar de que, neste campo, Hegel mais trabalhou sobre os conceitos kantianos do que propriamente os destruiu.

---

[54] *KrV*, B, 575-6.

Em compensação, o que se eclipsa com o hegelianismo é o elo de motivação entre moralidade e História. Pense-se nos famosos sarcasmos que Hegel dirige ao "mestre-escola" moralizador, ao "pio indivíduo" que se erige em juiz do Espírito-do-Mundo: ao longo deles, é o "sujeito moral" kantiano que se encontra travestido (até os nossos dias) em um limitado filisteu, em "cavalinho que nada compreende disso". O engraçado dessa história é que tal depreciação do "pio indivíduo" se faz pela retomada de um tema já amplamente desenvolvido pelo próprio Kant, a saber, o privilégio da espécie "*animal-racionável*" sobre o indivíduo. É Kant que, contra Rousseau, celebra o advento da cultura como um ganho *para a humanidade*, compensando, e muito, a perdição que pôde acarretar do indivíduo...[55] Esses textos antropológicos puderam surpreender, a tal ponto o seu cinismo (ou, pelo menos, o seu "realismo") tranquilo parecia destoar da austera eidética do dever individual. Contudo, não estão nada deslocados no edifício da filosofia prática. Basta nos situarmos no *Gesichtspunkt* do sujeito mundano virtuoso que pretende manter firme a sua disposição moral, para compreendermos que *o pensamento da História* é o mais poderoso auxiliar da moralidade em ato. Na mesma medida em que Kant desconfia do apelo à graça divina, e nos desvia da crença em qualquer "intervenção sobrenatural em favor de nossa capacidade moral deficiente" – origem para um "entusiasmo" que inevitavelmente corromperia a intenção moral[56] –, ele também aprecia favoravelmente a confiança que o homem haure da ideia de uma moralização irresistível e contínua da espécie – "a confiança na natureza das coisas, que nos força a ir aonde não queremos ir por vontade própria"[57]. Com efeito, essa fé na História proporciona ao homem uma convicção mais sóbria do que toda esperança religiosa: a de que, executando o mandamento incondicional da razão, ele também está efetuando uma ação *mundanamente racionável*. Graças a Kant, o militante (moral, e depois político) assim fica sabendo, sem desprezar, que também

55 *Mutmassl. Anfang*, 8, 115-6; trad., p. 163.

56 *Religion*, 6, 190-1; trad., p. 248.

57 *Th. Praxis*, 8, 313; trad., p. 59; *Z.e.F.*, 8, 365; trad., p. 123.

colabora no curso mais geral das coisas – e consegue tal garantia sem sequer se transformar, aparentemente, em utopista ou fanático. Adivinha-se a vantagem.

Daí também provém o cuidado que manifesta o nosso autor, sem nenhum gosto do paradoxo ou da provocação, em assinalar o caráter necessariamente amoral dessa gênese da moralidade na natureza: o "progresso moral" da humanidade jamais consistirá no aumento da moralidade *das intenções*; sempre será produto de motivos pragmáticos e egoístas...[58] Assim como não é por guiar-se por fins objetivos que a Natureza produz flores, conchas e cristais como que com vistas a nosso prazer, mas simplesmente em função do jogo das leis da química, também a prática dos homens só conspira de maneira inteiramente mecânica para a realização do reino dos fins. Disso, o sujeito virtuoso pode tirar a convicção de que a sua confiança no curso do mundo se apoia na natureza das coisas, e não numa iluminação. Essa escatologia para a moral que é a História kantiana não é portanto, propriamente falando, o objeto de uma crença: melhor será dizê-la uma representação tão verossímil, tão "razoável" que pode facilmente passar por ser fundada "cientificamente" (cf. "os expropriadores serão expropriados") – e esse traço faz, da História assim concebida, um tema *ideológico* por excelência: postulação requerida pela prática, mas convertida, sub-repticiamente, em um "saber". Ora, observaremos que o ideológico, aqui, nasce muito exatamente na juntura da *exigência prática* da razão pura e do *interdito lançado sobre a especulação.* Assim, por limitar a razão teórica, Kant não tinha apenas que fazer das matemáticas e da física uma concepção limitadora, cuja estreiteza já se salientou – ele também desencadeava, para atender às necessidades da "boa causa", a escatologia da imanência e seus demônios. Mas isso não será pagar muito caro a destruição da metafísica clássica? E valeria mesmo a pena fazer da monadologia leibniziana um "conto de fadas", para fazer da *História* uma dimensão necessária da existência humana?

---

[58] Cf. *Streit Fakult.*, 8, 91; trad., p. 109; Th. Praxis, 8, 311; trad., p. 57.

KANT E O ESPAÇO DA HISTÓRIA UNIVERSAL*

José Arthur Giannotti

* Este trabalho foi escrito no Cebrap e contou com a ajuda de uma bolsa de estudos dada pela Fundação Ford. Publicado originalmente na *Discurso*, nº 10, Revista do Departamento de Filosofia da FFLCH, da USP, São Paulo, Livraria Editora Ciências Humanas, 1979.

As portas da finalidade

Que lugar ocupa a história no contexto da arquitetônica kantiana? É sabido que o conjunto das ciências físicas não lhe basta para estabelecer todas as travações do conceito de "natureza". As categorias do entendimento impõem à multiplicidade do sensível formas de objeto, pelas quais uma coisa mantém com outra três relações perfeitamente delineadas: aquela de inerência e substância, aquela de causalidade e dependência, aquela de ação recíproca entre o agente e o paciente, que coloca todas as coisas numa comunidade. Em outras palavras, para que os fenômenos possam ser pensados como *objetos* duma experiência possível eles precisam ficar subsumidos *a priori* a certas funções de unidade, que os obrigam a se relacionar exclusivamente por meio de três vínculos: o acidente com a substância, a causalidade eficiente, a disposição de cada coisa num agregado intercomunicante. Além disso, quando os objetos da experiência são reportados à forma tempo, eles ainda se determinam *a priori* segundo os modos da temporalidade: a permanência, a sucessão e a simultaneidade. Daí a possibilidade de se conhecer, antes de qualquer experiência concreta, três regras pelas quais os objetos vêm a ser no tempo. A primeira mostra que tudo o que acontece nele supõe uma matriz quantitativamente constante, que se chama substância. A segunda lembra que aquilo que começa a ser supõe algo que este sucede segundo a regra da causalidade. Finalmente a terceira indica que, sendo possível reverter a ordem temporal, pela qual a percepção captura os objetos um depois do outro, existe uma simultaneidade entre as substâncias-fenômenos, o que vale dizer, um comércio entre elas, inerente à própria ordem da natureza. Esta é a célebre teoria das analogias da experiência.

Tudo isso nos serve para mostrar como a ordem dos fenômenos naturais pode ser apreendida sem que tenhamos necessidade de recorrer a qualquer consideração de tipo finalista. No entanto, mesmo neste nível da teoria dos objetos quaisquer da experiência, a finalidade desponta onde menos era esperada. A própria noção de objeto concreto implica a sua determinação completa. Todo conceito fica indeterminado em relação a tudo aquilo que não está contido nele; sob esse aspecto está sujeito ao princípio de determinabilidade (*Bestimmbarkeit*), o qual indica que entre dois predicados opostos pela contradição somente um pode convir a ele. Por sua vez, toda *coisa*, quanto à sua possibilidade, se submete ao princípio da determinação completa (*durchgängige Bestimmung*), segundo a qual dentre *todos* os *predicados possíveis das coisas*, na medida em que são comparados a seus contrários, somente um deles pode ser adequado a elas. Este último princípio supõe, assim, uma síntese de todos os predicados possíveis, pela qual uma coisa pensada passa a ser integralmente determinada; sempre se torna possível estabelecer a conveniência de um predicado, tanto em relação a pares de atributos contraditórios *dados*, quanto ao conjunto de todos os predicados *possíveis*. Essa operação de comparar transcendentalmente a coisa ao conjunto de todos os predicados possíveis foge, obviamente, dos limites da possibilidade da experiência e, por conseguinte, dos quadros no interior dos quais a razão opera cientificamente. A operação supõe, com efeito, uma síntese de todos os predicados que como tal não pode ser experimentada; nunca será possível chegar a essa totalidade partindo de predicados de objetos que estão imersos nas modalidades do tempo. O que significa, então, admitir esse *conjunto de todas as possibilidades*, na qualidade de conjunto responsável pela determinação completa das coisas? Ele se nos dá como uma *ideia*, uma representação, para a qual não podemos encontrar modelo concreto, mas que se nos impõe como princípio sem o qual o conhecimento não se exerce. Nesse sentido, marca uma regulação do saber sem participar do processo constituinte da objetividade da coisa. Para nós, nada se transforma em objeto, em seguida objeto de ciência, se não estiver reportado ao conjunto de toda a realidade empírica, à *omnitudo realitatis*, enquanto condição de possibilidade de todo e qualquer conhecimento. Em contrapartida, não há como nos assegurar de que exista, neste nível teórico em que estamos laborando, o correspondente efetivo dessa ideia, que a *omnitudo realitatis* denote um Deus existente. A clausura de nosso conhecimento demanda tão só a ideia de Deus, ponto de aglutinação da determinação completa das coisas, e condição imprescindível de pensarmos as coisas sob a legalidade dum sistema, vale dizer, integrando-se na natureza (*KrV*.B, pp. 600 ss.).

O racionalismo de Kant traça seus próprios limites; a natureza se constitui em sistema inteiriço porque suas leis se engrenam de tal maneira que toda determinação tem por assegurada sua razão suficiente. Daí a necessidade de ultrapassar o mecanismo newtoniano e pressupor um princípio regulador a nortear o funcionamento da razão. Totalmente alheio ao processo de constituição do objeto-fenômeno, o princípio demarca uma regulação que não se confunde com a regra meramente heurística, processo econômico pelo qual a razão se constrói modelos *positivos*; ponto de articulação a legitimar a arquitetura do mundo. O velho Deus artesão da metafísica clássica desaparece para dar lugar à pressuposição necessária dum Deus avalista do caráter sistemático e unitário da natureza. E a unidade do objeto corre paralela à unidade do conhecimento; a Ciência se subordina a um princípio regulador, um ideal de racionalidade, que lhe empresta inevitável caráter sistemático, onde cada parte encontra *a priori* seu lugar. Para que uma ideia se realize ela necessita dum esquema, duma diversidade e duma ordenação das partes, enquadrando-se de antemão num princípio finalizador. Quando tal esquema não é determinado empiricamente, em suma, não é técnico, mas deriva exclusivamente dos fins que a própria razão se propõe, funda uma unidade arquitetônica. Kant conclui:

> *O que nomeamos Ciência – cujo esquema deve conter* a priori *o monograma e a divisão do todo em membros segundo a ideia e deve diferenciá-lo de todos os outros segundo princípios e de modo seguro – não pode brotar tecnicamente, por causa da semelhança de elementos diversos ou do uso acidental do conhecimento* in concreto, *em vista de toda sorte de fins exteriores, mas, arquitetonicamente, por causa do parentesco com um único fim supremo e interno, e da derivação a partir dele, o qual torna possível o todo primeiro* (KrV.*B, 861).*

É assim que a finalidade, expulsa da relação particular entre os objetos-fenômenos, reaparece na consideração da totalidade deles. Sem um princípio teleológico a ciência não chega a articular-se.

> *Teleologia. O princípio de que tudo possui seu fim e é bom quer como bem em si, quer como bem para alguma coisa; é o mais alto princípio natural da Ciência da natureza; ele não é derivado da hipótese dum autor racional, mas sem ele não teríamos regra alguma, que não seja a natureza, para nossa ideia do bem* (Rx., *6.136).*

Essa recuperação da finalidade no nível especulativo do suprassensível se ultima conforme Kant dá prosseguimento à sua tarefa crítica, em particular quando investiga a estrutura da faculdade de julgar. Agora é preciso explicar como o investigador da natureza *percebe* o organismo como objeto que se produz a si mesmo, necessitando, por conseguinte, ser reportado, ainda que analogicamente, a uma causalidade técnica, a uma forma de produção que se exerce referindo-se a uma representação prévia. Kant não está, por certo, retomando a tese clássica daquele Deus demiurgo do universo, mas necessita de algum modo reconhecer certa finalidade objetiva, fim natural (*Naturzweck*), aglutinando as partes do ser vivo. É conhecida a via em que ele se engaja. Não se trata de afirmar que existe uma produção natural que funciona intencionalmente, mas tão só de reconhecer que, segundo a constituição particular de minha faculdade de julgar, não posso pensar de outro modo a possibilidade das coisas e de sua produção, a não ser concebendo-as como produtos de um ser agindo teleologicamente (*KU*.B, 334). Não é preciso assim sondar os desígnios divinos com o intuito de encontrar as categorias que pudessem *determinar* nosso julgamento sobre os seres vivos; basta a admissão geral da produção natural segundo intenções, para que o conhecimento possa explorar até o máximo o âmbito das determinações mecânicas, circunscritas por um bastidor desenhado pelo próprio exercício do julgamento. O fim natural depende dum juízo *reflexionante* que rouba o sentido duma afirmação de existência. Não é por isso que o conceito de finalidade interna configura uma ficção útil, pelo contrário, constitui uma consequência necessária do caráter discursivo de nosso entendimento, incapaz de chegar à unidade sem percorrer a diversidade e, neste caso, incapaz de atingir o uno pela enumeração do plural. Sua admissão, porém, rompe com o velho sentido grego da finalidade, marcado pelo paradigma do artesão, onde o processo produtivo resulta numa obra exterior, que escapa da ação humana para persistir como coisa independente. Desde que o ser vivo toma sua exterioridade como o ambiente pelo qual se efetiva, como a natureza inorgânica de seu próprio corpo, a ideia de *póiesis*, fabricação dum objeto, cede lugar para a ideia de *práxis*, exercício duma função.

> *O vivente não é um técnico – ou melhor, é um técnico que abole a separação entre ele próprio e a matéria trabalhada: a vida é uma ação sobre o meio, tal que o meio se torna vivente. Subordinar a finalidade externa aos interesses da vida não é, pois, representar o ser vivo como novo artesão supremo, mas como ser capaz de se apropriar totalmente da natureza, e ao nível do qual termina a nítida separação – que até então parecia imediata – entre o indivíduo e seu ambiente (Lebrun, 1970, 471).*

A admissão de fins naturais (*Naturzwecke*) estimula a questão do fim último da natureza (*der letzte Zwecke der Natur*). Definindo-se por sua capacidade de empregar outras coisas e outros organismos para reposição de sua própria existência, não estaria o ser vivo abrindo a possibilidade duma dominação completa e por esse caminho chegar a imprimir a todas as coisas uma relação finalizada? Ora, a admissão de um ser capaz de colocar todos os outros sob seu império torna possível um incondicionado na natureza. Note-se que não se trata de afirmar a sua existência, apontar um objeto que, dum ponto de vista teórico, pudesse ser reconhecido como senhor da natureza; não há experiência capaz de nos dar essa informação, nem ela deriva da análise das condições de possibilidade dos objetos em geral. A suposição dum último fim da natureza nasce do exame das condições do exercício de nossa faculdade de julgar, que não pode pensar a totalidade dessa natureza a não ser que a tome como sistema de fins.

O homem é esse fim supremo, pois seu entendimento lhe ensina a utilizar-se das mais variadas criaturas, formar um conceito dos fins e situar todos eles num sistema racional (*KU*.B, 384). Essa supremacia é o exercício duma função. A natureza há de ser dominada, os objetos que são propostos como metas hão de ser atingidos, o que significa que o homem procura alcançar um estado de equilíbrio que concilie a diversidade de seus desejos. Mas essa felicidade almejada não passa duma ideia que, a despeito de seu caráter suprassensível, não possui constância nem legalidade, condições essas de que o fim último não pode abdicar. É sabido que cada homem persegue objetivos variados, mutáveis durante o curso de sua própria vida. Como fazer então da felicidade um fim inquestionável? Além do mais, o que vem a ser este fim supremo, este homem que a todo momento está procurando converter o outro num meio para obter seus próprios fins? Daí a pergunta: em que lugar do homem reside o fim último da natureza?

Evidentemente precisa dizer respeito à própria vida natural do homem. Essa vida está sendo considerada problematicamente como sistema teleológico, em que os seres orgânicos e, por seu intermédio, todos os outros, entram num processo de assimilação recíproca. Isso sem pressupor uma representação mais geral em vista de que todos os fins se aglutinassem, uma espécie de ideia de Deus que transformasse todas as coisas em criaturas, produtos obtidos de tal modo que suas relações demonstrem a constante presença duma atividade transformadora transcendente. A própria natureza, como trama teleológica, prepara seu fim último.

A objetividade prática

Ao observar os seres orgânicos, o investigador sempre tem em vista uma "organização originária", capaz de utilizar o mecanismo bruto da natureza na produção de outras formas organizadas. É a partir desse pressuposto reflexionante que a investigação cobra sentido (*KU*.B, 367). Do mesmo modo, nossa investigação do fim último exige supor uma organização no seio da própria natureza que configure seu término. Já sabemos que este reside no homem. Ora, se retirarmos de sua atividade finalizadora todos os objetos visados em suas metas, tudo aquilo que conforma sua felicidade, resta a própria capacidade subjetiva e formal de utilizar a natureza. É a cultura (*Kultur*) (*KU*.B, 391). Resulta dum processo teleológico natural, que dota o homem com a possibilidade de imprimir um sistema de fins aos seres brutos e vivos. É de notar a circularidade criadora desse processo: a própria natureza prepara o homem a fim de que tudo possa submeter a seus desígnios mais altos. No entanto, a cultura como capacidade de escolha põe em evidência o entendimento e a razão como fundamento da vontade. Cunhar um sistema de fins sobre uma legalidade natural já dada, deixar que o mecanismo das coisas se subordine a fins humanos – aqui surge um tema que Hegel desenvolverá amplamente sob o nome de ardil da razão – implica uma intelecção da própria atividade informadora. Intelecção que *condiciona* a imposição dos fins *de fora* do movimento teleológico natural, resultado duma razão que encontra em si mesma sua própria legalidade. O fim último da natureza (*der letzte Zwecke der Natur*) tem como condição uma finalidade mais alta, um espaço vazio suprassensível, impondo uma forma a toda e qualquer atividade transformadora do homem. Kant denomina escopo (*Endzweck, "scopus"*) tal incondicionado.

> *Como único ser sobre a terra* que *possui entendimento e, por conseguinte, capacidade de se pôr a si mesmo fins segundo seu arbítrio merece ser intitulado senhor da natureza; e quando esta é considerada um sistema teleológico, aquele consiste, segundo sua destinação, no fim último da natureza. No entanto, sempre dum modo condicionado, isto é, de tal modo que ele*

> *entenda tudo isso e tenha a vontade de dar a ela e a si próprio uma relação final, que seja independente da natureza e se baste a si mesma, que, em consequência, possa ser escopo que não deve mais ser procurado nessa natureza (*KU.*B, 391).*

Qual é o alcance desse término mais alto que infiltra, unicamente na ação humana, a cesura do suprassensível? Já sabemos que o homem se define por sua capacidade de lidar adequadamente com suas representações; quando ela é causa do objeto representado tem o nome de faculdade de desejar (*Begehrungsvermögen*). Vejamos outras definições:

> *A faculdade de desejar segundo conceitos, na medida em que o fundamento que a determina para a ação não se encontra no objeto, mas na própria faculdade, chama-se faculdade de* agir ou omitir conforme o querer. *Estando ligada com a consciência da faculdade de agir na produção de objetos, chama-se arbítrio (*Willkür*); quando essa ligação não existe, seu ato se chama* anseio *(*Wunsch*). A faculdade de desejar, cujo fundamento determinante interno, em consequência, o querer propriamente, é encontrado na razão do sujeito, chama-se vontade. A vontade não é, pois, considerada em relação à ação (como o arbítrio), mas, pelo contrário, em relação ao fundamento determinante do arbítrio para a ação, e não possui de* per si *propriamente antes de si qualquer fundamento determinante, sendo, enquanto é capaz de determinar esse arbítrio, a própria razão prática (*MS.*A, 5).*

A atividade se determina, primeiramente, pela antevisão dum fim, dum objeto que se apresenta como algo a ser alcançado. É precisamente o espaço entre o representado e a coisa efetiva que permite a autodeterminação da capacidade de desejar, o exercício duma vontade autônoma. Convém não descuidar desse ponto: o exercício da razão prática não prescinde da representação dum objeto, dum fim mentado, que contudo lhe serve como trampolim para evidenciar sua própria autarcia. Na qualidade de fim visado, o objeto comparece tendo sua efetividade como se estivesse entre parênteses, efeito que *pode* ser alcançado pela ação. Nem mesmo nesse nível mais abstrato, entretanto, ele se dá isoladamente, como simples ponto de convergência do desejo. Quem deseja algo deseja seus meios, um fim fica subordinado a outro, de sorte que esses objetos representados surgem situados numa teia de relações que, pelo menos, os ordena segundo seus preços (*Gem.*A, 78). Não é por isso, porém, que adquirem qualquer traço de objetividade; a simples comparabilidade, que resulta na atribuição dum preço, não empresta qualquer concreção ao objeto do desejo.

Para formar o tecido da objetividade, a razão teórica necessita tomar, como ponto de partida, a multiplicidade fornecida pelos sentidos, ao menos aquela que se apresenta nas intuições puras do espaço e do tempo. Estamos vendo que a razão prática não prescinde dum objeto que, embora simplesmente mentado, não deixa de se dar como algo já constituído, por conseguinte, resultando dum juízo teórico, cujo vetor real contudo foi suspenso. O primeiro passo na constituição dessa objetividade prática se faz, em contraparte, no sentido contrário do objeto; para assegurar sua autonomia a razão precisa mostrar-se capaz de atravessar o algo desejado, tomando-o simplesmente como um certo objeto qualquer por onde passa no seu movimento de autodeterminação. Suponhamos alguém querendo matar seu adversário: obviamente este seu querer está vinculado à representação desse adversário e de sua morte. Como descobre que esse querer resulta da própria vontade e não consiste, ao contrário, no simples efeito duma causa natural que provoca o desejo? Subsumindo esta sua ação desejada à universalidade da lei, representando seu próprio ato enquanto caso particular duma legalidade, que é pensada nos moldes duma teia de relações universais. Daí a primeira formulação do imperativo categórico: age como se a máxima de tua ação devesse transformar-se pela tua vontade em lei universal da natureza (*Gem.*A, 52).

Já que não pode se assentar nas matrizes inalteráveis do espaço e do tempo, a razão prática deve partir necessariamente de princípios. Mas como razão, como mediação, necessita duma referência a objetos, que comparecem assim *como se estivessem dados* (*KpV.*A, 114): a objetividade deles, entretanto, travada pelas relações teóricas, fica suspensa na medida em que o objeto é pensado como possível. Para isso, em vez de se ligar com outros segundo as três categorias de relação – inerência, causalidade, comunidade –, surge exclusivamente pelo *modo* da relação de causalidade (*KpV*.A, 114), efeito possível do movimento da razão. A representação dum objeto como efeito possível da liberdade constitui um conceito da razão prática (*KpV*.A, 100), função de unidade, que subsume a multiplicidade dos efeitos sob o *poder* de provocá-los. É nesse sentido que um objeto do *conhecimento prático* significa unicamente o vínculo da vontade com a ação pela qual um objeto ou seu oposto será realizado. Não é por isso, entretanto, que a relação natural deixa de estar presente no horizonte. Quando o agente pergunta se a morte de seu adversário pode ser tomada como lei universal da natureza, está igualmente indagando das consequências *naturais* de seu ato. Percebe que o assassinato do outro pode legitimar o revide, o que implicaria a destruição da sociabilidade natural. Aqui a relação de causa e efeito serve de ponto de referência, de *tipo*, para a articulação do juízo moral. *A natureza do mundo sensível* orquestra a montagem duma *natureza inteligível* (*KpV*.A, 119 ss.). Graças a essa mediação, o simples fenômeno surge para o agente como bem ou mal, determinado *a priori* por uma nova forma, pelo *dever*. Porque o ato de matar não pode fazer parte da natureza, neste sentido mais amplo, o agente há de reconhecer que atentar contra a vida alheia é ruim. Desse modo, subsume a diversidade de seus desejos a uma universalidade inteligível. Note-se que a representação da ação se desprende de seu objeto por meio duma espécie de variação que visualiza vários casos de assassinatos, o que resulta numa modificação da propensão para agir. É nesse sentido que o conceito prático possui a extraordinária propriedade de se tornar de imediato conhecimento, de resultar num produto posto pelo próprio movimento da razão. Dissociando-se do poder prático, este revela seu caráter autodeterminante, sua independência em face de qualquer conteúdo. Mas por isso é que somente a ação, que se resolve num raciocínio prático, num encadeamento de representações pelo qual um ato pensado é subsumido a uma lei, merece ser designada como moral. O mero comportamento exercido conforme a lei, desprovido desse movimento de subsunção, aquele que não se faz *pelo* princípio, mas tão somente conformando-se a ele sem intenção, escapa do elemento da moralidade.

Posta em evidência a absoluta autonomia do inteligível, não é por isso que cessa seu contraponto com o sensível. De um lado, o inteligível se arma como um tecido de regras que, tendo a lei moral como fundamento, se apresenta analogicamente como natureza. De outro, tais regras configuram paradigmas das ações conformadoras do universo percebido. Se o mundo inteligível é totalmente conhecido pela razão, a despeito das muletas do tipo, o mundo sensível informado pela finalidade natural não pode ser conhecido integralmente sem uma referência à sua contraparte suprassensível. Um é arquétipo do outro, que assim se nomeia éctipo. É notável que a *natura archetypa* se ponha para a *natura ectypa*, segundo as leis da representação; a primeira é dita *urbildliche*, a segunda *nachgebildete* (*KpV*.A, 74/75). Vale dizer, o suprassensível se põe como matriz dum espelhamento pelo qual o sensível se constitui, funciona como tipo primordial em vista do que um *criador* produz suas *criaturas*, como o arquiteto que só pode construir a casa se antes tiver dela uma representação. O fenômeno, ainda nas pegadas do platonismo, surge como imagem duma determinação mais alta: não existindo em seu próprio seio um movimento que, ligando-o com as ações humanas, seja capaz de elevá-lo para o inteligível.

Escopo suprassensível

Isto nos conduz à questão da teleologia. A existência de fins naturais recoloca a questão dum discurso sobre os fins objetivos, sua vinculação e seu ordenamento, o qual, a despeito de não possuir legitimidade teórica, coaduna-se com as exigências reflexionantes de nosso entendimento. Partindo, todavia, dum fim existente só podemos chegar a um fim último também existente. E posto que essa existência é desde logo concebida como *nachgebildete*, efeito dum paradigma pressuposto, a pergunta se resolve numa indagação sobre a causa suprema dos seres, em particular do homem como criatura. Mas aqui cessa o poder da teleologia física. Porque tem como ponto de partida um fim percebido, fica subordinada aos limites duma experiência possível, ainda que essa experiência seja para a liberdade reflexionante do entendimento. Nunca se pode obter por essa via a *determinação completa* do efeito; como extrair assim uma conclusão determinada sobre uma causa suprema (*KU*.B, 409-10)? Em outras palavras, não há ponte possível entre o fim último da natureza (princípio interno a ela) e um fim absoluto, que, estipulando o mundo sensível como criatura, deve necessariamente se pôr além dele.

Aqui se evidenciam as vantagens do ponto de vista moral, que pode dar ao escopo novas dimensões. Antes de tudo porque altera o registro pelo qual o mundo é concebido: a contemplação, teórica ou reflexionante, cede lugar para a ação prática que empresta um valor a cada coisa, colocando todas elas em função do valor absoluto da existência humana. Mas na medida em que essa existência está sobredeterminada pelo suprassensível, essa prática encontra um fulcro capaz de legitimar suas relações com os fins já existentes, aqueles que constituem os fatores de sua felicidade.

Convém examinar esse movimento, simultaneamente de repulsa e de conciliação da moralidade com a felicidade, de instauração de valores inéditos que vêm romper com a ordem do cosmos e de compromisso inevitável com a realização de tais fins. O homem é tudo isso.

> *Já deve ser pressuposto como escopo da criação, para ter um fundamento racional pelo qual a natureza deva acordar-se com sua felicidade, desde que essa natureza seja considerada como um todo absoluto segundo os princípios dos fins. E isto é, pois, apenas a faculdade de desejar, não aquela que (por meio de impulsos sensíveis) torna o homem dependente da natureza, nem aquela em relação à qual o valor de sua existência repousa sobre o que ele recebe e desfruta, mas o valor que somente ele pode se dar a si mesmo e que consiste no que ele faz, como e conforme quais princípios ele age, não enquanto membro da natureza, mas na liberdade de sua faculdade de desejar, a saber, é a boa vontade que empresta à sua existência um valor absoluto em relação ao qual a existência do mundo pode ter um escopo (*KU.*B, 412).*

A razão prática se exerce, pois, em dois sentidos. De um lado, ao se pôr como movimento autônomo, desvenda o mundo suprassensível, cuja ordenação requer, na qualidade dum postulado prático, um Deus existente. Ponto supremo do inteligível, cuja perfeição implica a onipotência, por conseguinte, a ideia duma atividade capaz de criar o universo. Nesta altura, o paradigma da criação, por meio duma representação, duma antevisão, chega a seu cúmulo: a inteligência divina é tomada como causa responsável pela existência do homem e de todos os seres criados em função dele. Ademais, na medida em que a razão prática se associa com a faculdade de desejar como fator determinante da ação humana, o próprio homem toma a *responsabilidade* da implantação do bem soberano. Aqui impera uma noção de *práxis*. Não se recorre mais a uma teoria que, depois de conformada, se aplica à ação do próprio homem; a ação moral, notadamente quando se objetiva na sociedade e no Estado, se põe como razão prática, puro exercício da liberdade. A prática então toma a teoria como um de seus momentos que se impõe, não tanto por causa de suas consequências físicas antevistas, mas antes de tudo porque *deve* ser feita. A teoria ganha sentido de ser integralmente realizada de modo incondicional pela *práxis*: o caráter incondicional da teoria exclui de antemão a possibilidade de mostrar-se insuficiente ou inválida para a ação (Herrero, 1975, 167). Na qualidade de residência do suprassensível, o homem se revela como o criador de valores inéditos, exercendo sobre a natureza o império de sua liberdade; é ele quem abre o espaço entre seus deveres e a ordem indiferente da natureza, é ele quem rompe o paradigma do cosmos para injetar o espaço vazio de seus valores (Lebrun, 1970, 467 ss.). Lebrun nota a completa subversão por que passa o conceito de finalidade, que deixa de constituir meta que o agente se fixa a si mesmo, para transformar-se num motivo em relação ao qual, por definição, esse agente não pode se determinar sob qualquer sorte de coerção. Mas esse critério negativo não é o único, pois está associado ao compromisso com o mundo. Desde que Deus venha avalizar a existência das coisas para o homem, a própria moralidade se mostra capaz de produzir a síntese que a liga com a felicidade, com os bens concretos do mundo; estes devem conciliar-se com a vontade do homem, já que ambos provêm da mesma fonte produtora.

"O que o homem deve ser segundo sua determinação, sua destinação (*Bestimmung*)... isto também ele deve poder" (*SF*, VII, 43 ss.). Assim é que o imperativo categórico pode ganhar nova formulação: "cada um deve propor-se, como escopo, o soberano bem possível no mundo" (*Rel.*B, XI n). O que era apenas uma determinação da razão como vontade, simples critério para descobrir o dever na sua universalidade, em consequência abstraindo de todo conteúdo da ação, converte-se na obrigação de cada um efetuar o bem que está a seu alcance. Sabemos que, no seio da lei moral, não existe qualquer fundamento para conexão da moralidade com a felicidade; pelo contrário, aquela se configura liberando-se das peias desta. Por suas próprias forças o homem não estaria em condições de colocar a natureza em *completa* concordância com seus princípios práticos. No entanto, a própria razão prática, porque é razão, trata de determinar completamente seus conteúdos. Necessita então sair de seu movimento enquanto cadeia de raciocínios práticos, postular o incondicionado como um Deus existente e, por isso, criador de todos os seres. Tanto o homem quanto os outros seres ficam, pois, subsumidos a certa matriz absoluta, em vista da qual carece de sentido uma norma objetiva que não estivesse ligada à possibilidade de sua efetuação. Um dever totalmente cortado de suas condições de existência abriria uma cesura na natureza criada, o que contraria nosso conceito prático de um Deus criador. Segue-se daí a obrigação de o homem promover no mundo o bem soberano, pois tudo foi criado para isso. Note-se que, nesta altura, o conceito de soberano (*höchst*) cumpre sua acepção mais estrita. Num primeiro sentido equivale a supremo (*supremum*), designando uma condição que é ao mesmo tempo incondicionada, a saber, que não está subordinada a qualquer outra. Num segundo sentido, denota aquilo que não faz parte dum todo mais amplo, equivale a perfeitíssimo *(perfectissimum)* (*KpV.*A, 199), isto é, *completamente determinado*. A suprema condição de tudo o que nos parece desejável é a virtude, não aquilo que nos traz felicidade mas que nos torna dignos dela. Mas essa condição não se torna totalmente determinada se não se aliar com o soberano bem, que reúne a moralidade com a felicidade. É a própria estrutura lógica da razão que força a ampliação de seu âmbito, pondo sob seu império os conteúdos da felicidade, enquanto fins criados por um poder mais alto do que a mera razão finita do homem.

A determinação completa dos fins

Os objetivos se articulam em sistema segundo os trâmites da razão teórica, do mesmo modo os fins se integram num todo, segundo as leis da razão prática. A determinação completa da primeira razão implica o ideal transcendental; ela se funda na pressuposição do conjunto de todos os predicados possíveis em geral (*KrV*.B, 602). A razão prática, por sua vez, se determina integralmente por meio do imperativo categórico, que, *antes de ser ampliado*, faz com que todas as máximas, a partir duma legislação própria, devam concordar com a ideia dum reino possível dos fins como um reino da natureza (*Gem*.B, 81).

> *Entendo por* reino *a ligação sistemática de vários seres racionais por meio de leis em comum. Porque as leis determinam os fins segundo sua validade universal, se se fizer abstração das diferenças pessoais entre os seres racionais e de todo o conteúdo de seus fins particulares, poder-se-á conceber um todo de fins quaisquer (tanto os seres racionais como fins em si, quanto os fins próprios que cada um pode propor a si mesmo) em ligação sistemática, a saber, um reino dos fins que seja possível segundo os princípios expostos acima* (Gem.*B, 75).*

Os fins configuram um sistema, uma totalidade que, em vez de consistir num conglomerado indiferenciado de todos os predicados possíveis, articula cada fim por meio duma legislação, que afeta todos os homens da qualidade de seres racionais e fins em si mesmos. Num primeiro momento, essa legislação abstrai todas as diferenças pessoais entre os homens e recusa o contato com os conteúdos de seus fins particulares. Graças a essa abstração, cada pessoa não se vê unicamente como agente livre dotado da capacidade de afastar toda e qualquer coerção que, porventura, viesse a sofrer da parte dos outros e do jogo das forças brutas. Simultaneamente se dá como constituinte duma legislação moral que une cada um no travejamento de leis coletivas. Na medida exata, porém, em que tais conteúdos são abstraídos, passam a ser integrados num conjunto articulado pela ação livre dos homens em comum, ação que se propõe metas cuja realidade está obrigada a promover. Também a teologia considera a natureza como um reino dos fins, mas essa ideia teórica trata apenas de explicar o que existe como resultado da causalidade divina. No plano da moral, a ideia de reino dos fins apresenta-se individualizada num ideal, propondo-se efetuar o que não existe por meio de ações e omissões (*Gem.*B, 81 n). Ideal de autolegislação coletiva, capaz de determinar completamente todas as máximas, mas que se converte, graças ao aval de Deus postulado pela razão prática, numa obrigação que agora possui todas as condições de chegar a bom termo. Neste novo registro, quando o homem não é apenas considerado fim último da natureza mas igualmente fim da *criação,* não são unicamente as máximas que estão completamente determinadas, as próprias ações estão submetidas a esse princípio. Torna-se possível encontrar uma condição principal para considerar o mundo como um todo ligado por meio de fins e como sistema de *causas finais.* Os fins naturais, homens e seres vivos em geral, se reportam a uma causa primeira inteligível, imposta pela constituição de nosso entendimento. Daí o princípio que nos permite pensar tanto a natureza quanto os atributos dessa causa – onipotência, onisciência, eternidade, onipresença etc., elucida Kant – como supremo fundamento no reino dos fins, o que nos permite determinar o seu conceito (*KU.*B, 413-4). É a ação do homem livre, como ação criada por uma inteligência divina, que se submete ao dever de instalar no mundo o bem soberano.

Existem, porém, obstáculos a esse imperativo. Dentre eles nos cabe assinalar a propensão para o mal que habita as próprias condições de determinação do arbítrio. Recordemos que esse arbítrio consiste na faculdade de agir ou omitir quando ela está ligada à consciência de atuar na produção de objetos. Ao contrário do simples anseio, o arbítrio marca a direção da vontade no sentido de transformar os elementos naturais a fim de obter certos efeitos. Estes, enquanto fenômenos, devem ser explicados antes de tudo pelo conhecimento teórico do jogo mecânico das forças naturais; porque se vinculam entretanto à ação de seres racionais, permitem que os tomemos numericamente como resultantes duma causa livre. Em virtude dessa mudança de registro, a propensão para o mal não pode ser entendida como inclinação natural. Ao contrário de tantos outros pensadores, para Kant o mal não está ligado a uma matriz sensível, que viesse perturbar o bom andamento da razão. Uma força natural não é boa nem má, existe simplesmente e como tal deve encontrar sua razão de ser. Em que medida pode o mal residir então no homem? Há de habitar a própria moralidade, nascer das condições do exercício da liberdade. Nada é moral, lembra Kant, que não seja o próprio ato. Uma propensão, portanto, deve consistir num fundamento subjetivo da determinação arbítrio *anterior a qualquer ato*, antes portanto que qualquer representação desencadeie seus efeitos. Ato, contudo, pode ser entendido duplamente, quer como uso da liberdade pelo qual a máxima suprema é acolhida no arbítrio, quer esse mesmo uso pelo qual as próprias ações serão exercidas segundo aquelas máximas. Obviamente a propensão para o mal é ato no primeiro significado, movimento de autodeterminação da razão, ato inteligível, conhecível apenas pela própria razão e independente de qualquer condição de tempo, pois no caso contrário se subordinaria ao condicionamento natural. É nesse sentido que constitui um pecado original. Mas nessas condições no que ele pode consistir? Lembremos que o bem soberano é composto por dois elementos, a moralidade e a felicidade, o primeiro fundamentando o segundo. No entanto, para que possa haver escolha, para que a liberdade possa se exercer, torna-se necessário que o homem possa recusar essa determinação, privilegiar o objeto, a felicidade, em prejuízo da forma da lei moral. A felicidade se sobrepõe à dignidade de ser feliz. É nessa alteração da *ordem da subordinação* que se encontra a maldade inata do homem (*Rel.*B, 28 ss.).

O efeito do pecado original não se confina no interior da autonomia da pessoa; se cada um é dotado da capacidade de inverter a relação racional entre moralidade e felicidade, de perturbar a ordem inteligível do reino dos fins, surge desde logo como um subversivo virtual que pode invadir a liberdade de outrem. Mesmo quando o obriga a agir conforme a lei moral, se o faz sem obter de antemão seu consentimento, está criando um vínculo social, gerando uma ordem racional das coisas que não se faz pela causalidade da liberdade. E o outro, além do mais, é inevitável, inscreve-se naquelas disposições naturais que definem o ser vivo. Kant, com efeito, distingue no homem três dessas disposições, ou, como as define, três princípios de desenvolvimento do organismo como um todo: a conservação de si próprio, a propagação da espécie pelo instinto sexual e a comunidade com os outros homens, vale dizer, o instinto de sociedade (*Rel.*B, 16). Como conciliar então a liberdade de cada um com a presença ameaçadora da liberdade alheia, desse outro que, na qualidade de último fim da natureza, está sempre prestes a transformar em meios todos os seres vivos, inclusive seu próprio semelhante?

De novo, a interferência do suprassensível vem resolver o impasse. A utilização do outro como meio viola a legalidade moral, de sorte que, se é bem verdade que a natureza permite e até mesmo incita a dominação do homem pelo homem, a ação má se defronta com o ideal duma sociabilidade racional, definida pela própria estrutura da vontade. O fim último da natureza está condicionado pelo escopo, que ordena todos os fins num reino, que situa cada pessoa no interior duma racionalidade coletiva, a determinar *a priori* as condições sob as quais o arbítrio de um se concilia com o arbítrio de outro. Mas para isso é necessário que se abstraiam todos os fins concretos, que se atinja o invólucro formal que orquestra a diversidade dos fins num reino harmônico.

O Estado, supremo mestre

O homem se relaciona com outrem na medida em que sua ação afeta a ação desse outro. Desde que essa ação seja moral, apresenta-se dotada duma legitimidade que a empurra para o lado do direito. Neste nível mais primitivo, uma ação pode corresponder apenas ao anseio do outro, como exemplificam a caridade ou a dureza de coração que, com sinais contrários, estão se reportando às necessidades dele. É preciso, contudo, não confundir estas com aquelas ações que vinculam arbítrio a arbítrio, que, portanto, não se atam unicamente com os desejos nebulosos dum terceiro, mas tramam suas disposições de conformar o objeto. Quando os arbítrios se conciliam para a obtenção de fins que os parceiros definem em comum, nasce o contrato, "princípio racional do juízo" (*Rx.*, 6.595). Essa conjuminação está pois na dependência dum fim determinado, dum interesse pessoal, ligado direta ou indiretamente à felicidade de cada um. Desse modo, somente logra exprimir um *dever condicionado*, porquanto se cada um é obrigado a honrar o contrato que assumiu, isto advém da necessidade de que essa ação se subordine a uma legalidade universal. Mas ninguém é obrigado a firmar um contrato, a não ser levado por certo interesse. É possível, todavia, existir um contrato que se faça simplesmente porque as pessoas *devam* contraí-lo? Um contrato que se libere da consideração dum fim qualquer, que deixe pois de lado qualquer matéria do arbítrio, para se pôr exclusivamente como relação entre homens onde cada um cuida tão só das condições do exercício da liberdade, da sua e do outro?

Este é o caráter do pacto civil (*MS*.B, 33-34), que, como se vê, não convém confundir com o pacto social. Só ele constitui um dever ser, a obrigação de cuidar da liberdade alheia para que os outros também cuidem da nossa configura o mero funcionamento da razão prática que força os seres racionais a agirem tendo em vista parâmetros comuns. O contrato social, que encontramos na sociedade conjugal ou na relação paternal, está apenas indiretamente condicionado pelo suprassensível, aliás como todas as ações que queiram ser morais. Define a esfera do direito privado: uma certa pessoa, suponhamos, trata com outra a transferência duma propriedade, prometendo-lhe em troca uma certa quantia de dinheiro. Ambos devem moralmente cumprir o prometido, mas até agora nada impede que um dos agentes, levando em conta suas próprias vantagens materiais, deixe de cumprir o estipulado. Aqui a maior dificuldade não reside tanto na formação do contrato, na avaliação do que interessa *igualmente* a cada um, mas em assegurar as condições de possibilidade tanto deste quanto de qualquer outro contrato em geral. É esta passagem do nível do objeto para o nível das condições de possibilidade que caracteriza o pacto civil. Ao se unirem para impedir a quebra dos contratos, firmam um novo contrato que define as condições de exercício do arbítrio de cada um. Por isso *o pactum unionis civilis* desenha um contrato originário (*ursprünglicher Kontrakt*) (*Gem.*A, 249), *dever primeiro e incondicionado*, em cujo âmbito todos os direitos privados devem encontrar sua última legitimação. Em suma, enquanto o direito privado trata da conciliação dos arbítrios por meio da consideração dos valores dos objetos, o direito público conjumina os mesmos arbítrios tendo em conta unicamente as condições do funcionamento da liberdade de cada um.

Graças a essa abstração de todos os fins, por conseguinte, de todas as determinações específicas de cada ação singular, o ato pelo qual o contrato civil se realiza se reduz a um momento do exercício externo da razão prática que, como tal, é *comum* a todos os seres racionais. Todas as ações sociais ficam assim subordinadas de modo absoluto por algo coletivo, por um *ser comum* (*gemeine Wesen*), enfim, por uma *res publica latius sic dicta* (*MS*.B, 192). Essa coisa pública é a *constituição civil*, aquilo que forma os indivíduos como cidadãos, que os situa num *status civilis*. O todo instaurado pela participação de cada um nesse ser coletivo consiste no *Estado* (*civitas*) (*MS*.B, 191). Como se vê, Kant não distingue Estado de sociedade civil, ambos designando aquela esfera da sociabilidade que imprime a todas as outras relações sociais o cunho de legalidade. O Estado é o escopo desenhado pela moralidade delimitando a liberdade de cada um, a fim de permitir que ela se efetue coletivamente. Coisa suprassensível que como tal se constitui por uma teia de leis, natureza, *mundus intelligibilis* do qual não tenho qualquer intuição que me permita traçar a sua teoria, mas que se escreve pela fórmula da lei como *aquilo* que cada um pode realizar por seus atos de liberdade.

Ao mesmo tempo que a ação legal se torna possível, na medida em que se põe como expressão da vontade geral, ela mesma está abrindo o espaço de sua contradição: o parceiro tem a liberdade de não ser efetivamente livre. Daí a própria lei configurar uma coerção que, em vez de suprimir uma parte duma liberdade natural, graças a uma espécie de contrato firmado por seres egoístas, não faz mais do que restabelecer as condições duma absoluta liberdade coletiva.

É por isso que Kant escreve a Jung-Stilling (março de 1789) que a liberdade não é limitada pelas leis livres de coerção, isto é, por aquelas a que as pessoas podem dar seu consentimento, mas unicamente por aquelas leis de coerção sem as quais a associação (*Vereinigung*) civil não pode ter lugar. Ainda que os cidadãos consentissem com leis despóticas, ainda que optassem pelo medo da liberdade, estas leis não poderiam integrar a Constituição, que só deve prescrever as proibições absolutamente necessárias à manutenção do pacto civil.

Mas, no final das contas, impedimento de fazer o quê? A coerção primeira é aquela que, emperrando o funcionamento do arbítrio, não deixa uma pessoa dispor do objeto, ao qual está necessariamente ligada, segundo suas intenções. Tudo o que está ligado a essa pessoa, e cujo uso por outrem vem lhe causar prejuízo, pertence a ela como *meum juris*. É nesse sentido que o pacto civil impede antes de tudo a violação da propriedade, garantindo-a como o primeiro momento da liberdade efetiva. É ele o responsável pelo traçado do meu e do teu (*Gem.*A, 234).

Entendido nesses termos, o contrato originário não pode consistir num acontecimento, no ato de fundação da sociedade, mas numa simples ideia da razão prática, cuja realidade prática indubitável obriga todo legislador a editar leis como *podendo elas ter emanado da vontade coletiva* (*Gem.*A, 250). Não são os homens que se reúnem para escrever a Carta Magna, mas um ou vários legisladores, pouco importa, a promulgam *como se* constituísse a vontade de todo um povo, sempre levando em consideração o que um súdito precisa querer no momento em que vem a ser cidadão. Um ato concreto de legislar só se torna realmente legislativo se persistir como encarnação dum ato suprassensível, que, nesses termos, fica totalmente fora de qualquer determinação temporal. Graças a essa causalidade pela liberdade, um povo se constitui em Estado. Para isso cada cidadão se despoja de toda sua liberdade exterior, deste seu dom inato, para retomá-la, também de modo integral, conforme está substituindo seu arbítrio selvagem, à beira do abismo do mal, por uma liberdade coletiva, cujos imperativos resultam de sua própria vontade legisladora. Não há aqui conciliação possível, pois se trata dum jogo de tudo ou nada: ou a liberdade individual sapa seu próprio campo de ação ou se transforma em vontade geral. Do mesmo modo que existe uma única razão, existe, no fundo, uma única vontade.

Convém atentar para o modo pelo qual Kant condiciona as relações de dominação. Cada homem, por ser racional, constitui um fim em si, ao mesmo tempo que participa dum reino dos fins, enquanto ele próprio se põe como legislador universal a englobar todos os outros homens. Configura uma singularidade que se resolve numa universalidade que o domina. É a partir desse movimento, o qual como movimento da razão está em todos e em cada um, que podemos entender a sujeição dum pelo outro. O homem nasce carecendo dum mestre, vale dizer, alguém capaz de encaminhá-lo para uma razão que ele conquista pouco a pouco. Como esse movimento é assintótico, o mestre também necessita de outro, de sorte que todos ficam ordenados em relação a um mestre comum. Este ordenamento não teria fim se o superior não se subordinasse diretamente a uma instância suprassensível, justamente àquela que faz de todos cidadãos. Como a trama do suprassensível põe a existência prática de Deus, este se converte no mestre absoluto.

> *O verdadeiro soberano (*Oberherr*) do Estado é a ideia da sociedade como um todo, sendo Deus, a saber, aquilo que realiza e personifica essa ideia, quem lhe traz o poder (*Gewalt*). Pois o Estado é propriamente o mestre de tudo, por conseguinte, de cada um de seus membros:* dominus originarius *(*Rx., *1.398).*

Não é por isso, contudo, que o chefe de Estado pode governar como se cada uma de suas decisões emanasse da vontade divina; esta continua para nós insondável como sempre. A legitimidade de seu comando deriva da totalidade, *completamente determinada,* do reino dos fins, especificado na ideia de sociedade, alcançado por meio da ideia de contrato civil, ou pela existência de Deus, quando esta se dá através dum postulado da razão prática. No fundo, a soberania divina é aquilo que vem completar a determinação dos laços de dependência, fazendo com que o chefe de Estado seja unicamente responsável perante a totalidade das determinações legais.

> *Só o Estado é o mestre absoluto, o soberano é seu representante e posto que, em razão de seu acordo com a vontade do Estado,*

> *ele não responde em face de qualquer outro homem, se deve ser responsável é diante do único mestre absoluto da natureza inteira* (Rx., *1.399).*

A cabal ilegitimidade de qualquer rebelião, que venha atentar contra a vontade do soberano ou a própria soberania inscrita na Constituição, é a consequência imediata de tudo isso. Toda revolução é injusta, ela não tem fundamento jurídico, muito embora possa resultar numa melhoria real da Constituição preexistente. E se, porventura, uma Constituição passa a garantir explicitamente o direito de resistência do cidadão, como faz a Constituição americana, está simplesmente contradizendo-se a si própria, atentando contra sua própria ideia, pois está abolindo o caráter supremo, isto é, *completamente determinado*, da potência legislativa, a única capaz de estipular o que deve e o que não deve ser justo publicamente. Nada pior do que o vácuo que se infiltra entre o antigo e o novo regime, porque nesse espaço penetra o estado de natureza capaz de qualquer selvageria. Como Rousseau, Kant não acredita no poder legislativo espontâneo das massas.

A Constituição cosmopolita e a História

Nesta altura, Kant defronta com uma grave dificuldade: como conciliar esta ideia de Constituição, que não é mais do que um ideal, com o movimento concreto das Constituições históricas? Por que meios um ideal se efetiva no concreto? Podem muito bem os homens, tomados individualmente, pretender viver sob uma Constituição legal, instaurada segundo os princípios da liberdade, que garanta a propriedade segundo a vontade distributiva de todos. Isto, porém, não basta.

> *É preciso que* todos em conjunto *queiram chegar a essa condição (é preciso uma unidade* coletiva *das vontades unidas)* (Z.e.F.*B*, *75).*

Se tomássemos o contrato originário como ato de fundação, não teríamos que nos haver com essa dificuldade: a simples consciência das vantagens que o Estado acarreta estimula o ato de renúncia da liberdade selvagem: o que se perde é logo compensado pela aquisição da liberdade civil. Quando, porém, o pacto é interpretado como uma *regra*, um *princípio* da administração do Estado, que ilumina o ideal da legislação, do governo e da justiça pública (*Rx.*, 7.416), o que pode obrigar os homens a se despojarem de suas diversidades, das diferenças criadas pela própria razão no momento em que lhes empresta a faculdade de eleger o mal? O ideal prático de determinação completa da ação pode pôr o ser comum, a *res publica*, como a chave da abóbada que perfaz as livres ações de cada um, mas não pode impor que todos sejam livres. Para isso é necessária certa matriz de unificação, uma razão que não seja atravessada pelo pecado original. Mas no seu primeiro instante essa razão se apresenta como algo exterior ao jogo das vontades livres, em consequência, como uma *força* aparentemente cega:

> *É verdade que a vontade de todos os homens,* tomados individualmente, *de viver sob uma Constituição legal, segundo os princípios da liberdade (isto é, a unidade* distributiva *da vontade de todos), não basta para este fim, mas é preciso que* todos em conjunto *queiram chegar a essa condição (é preciso a unidade coletiva das vontades unificadas). Essa solução dum problema difícil é ainda exigida para que a sociedade civil forme uma totalidade; e desde que seja preciso que a essa diversidade de todas as vontades particulares venha juntar-se ainda uma causa que as unifique, a fim de produzir uma vontade comum, o que não pode efetuar nenhuma delas, não é possível contar para a* execução (Ausführung*) dessa ideia (na práxis) com qualquer outro começo que não seja a* força (Gewalt*), e sobre essa coerção (*Zwang*) se fundará, em seguida, o direito público (*Z.e.F.*B, 75).*

Devemos, entretanto, estar alertas para não identificar essa força com aquela do déspota esclarecido, pois Kant é suficientemente realista para recordar que quem toma o poder pela violência não abdicará dela levado tão somente pela consciência de seus deveres morais.

Qual será, pois, o caráter de tal força? No interior da arquitetônica da moral prática, vale dizer, no interior do direito, ela possui a função de determinar completamente a união de homens livres, de molde a que todos fiquem armados contra os ataques do pecado original. Sua tarefa, porém, é mais difícil do que parece à primeira vista. De nada adiantaria lograr reunir a vontade distributiva de toda uma população num ser coletivo, se o povo vizinho continuasse em estado selvagem. Não se reproduz aqui o mesmo perigo a ameaçar a relação de homem a homem? É por isso que a ideia duma Constituição nacional se completa pela ideia duma federação regida por uma Constituição cosmopolita, encarregada de assegurar a paz perpétua. Essa concórdia universal e perdurável configura, assim, a meta de todo direito público, cujo movimento deságua no direito internacional, meta que não designa uma parte mas o próprio *escopo* da doutrina do direito, formulado dentro dos limites da simples razão (*MS*. B, 265). E, do ponto de vista do indivíduo, esse direito se apresenta como imperativo incondicional que o coloca na obrigação de tratar de efetuar no mundo "o soberano bem político" (*MS*.B, 266). Observemos que o soberano assim definido deixa de pretender conciliar a felicidade com a vigência do Estado de Direito, como acontece *mutatis mutandis* com o soberano bem moral; não prescreve ele a união da natureza com a liberdade, mas unicamente a fusão das liberdades sob o império da lei (Herrero, 1975, 122). No entanto, essa força só pode existir exteriormente ao jogo legislativo, como algo de que temos conhecimento quando contemplamos a teleologia vigente em todo o universo.

Neste caso específico, porém, como se articula essa teleologia? Vejamos o que ocorre com as próprias ações humanas – este aliás é o ponto de partida que o próprio Kant assume aos escrever *Ideia para uma história universal do ponto de vista cosmopolita*. Sigamos o texto: embora, metafisicamente, caiba considerar tais ações manifestando o arbítrio da vontade, pelo simples fato de elas constituírem *fenômenos* passam a ser determinadas pelo jogo das leis mecânicas e biológicas. Como encontrar, todavia, alguma regularidade no caos dos comportamentos individuais? Antes de tudo, mudando de registro, sobrevoando suas *amplas linhas e assumindo a pers-*

pectiva da espécie. É desse modo que as grandes nações logram obter estatísticas sobre nascimentos, casamentos, óbitos, etc. Convém insistir que a investigação sobre a história ganha impulso a partir duma verificação feita pelo filósofo, como *Naturforscher*, de que os efeitos de fenômenos aparentemente caóticos são capazes de esboçar figuras consistentes. Assim como a desordem dos fenômenos meteorológicos não impede que eles, no conjunto, sejam responsáveis pelo crescimento das plantas e pelo curso dos rios, também o caos das ações humanas desenha a figura da história. A visibilidade duma consequência ordenada levanta a suspeita duma ordenação invisível.

Os homens não se comportam, porém, como animais, cujo instinto garante uma repetição monótona de traços que passam de geração a geração (*Rx*., 1.499). Igualmente não se comportam como seres unicamente racionais, que desde logo se veriam ligados a uma constituição cosmopolita. Para esses dois exemplos-limites teria cabimento uma história planificada (*planmässige Geschichte);* uma análise que, a despeito de fragmentária, teria a virtude de, remontando à origem do fenômeno, revelar a articulação dum plano prévio. O historiador da natureza, a partir de certas finalidades internas percebidas, trata de descobrir seu desdobramento a partir de situações ou de organismos mais simples. Como ele, a uma descrição do fato, a uma fisiografia, Kant trata então de antepor uma história no sentido duma fisiogonia (*Gebrauch tP.*A, 44). Porque o comportamento do homem está encravado entre esses dois polos, não comporta uma história como se ela fosse um mapa distinguindo o bom caminho de todos os desvios. Se existe um plano, este precisa ser exterior à relação, quer do indivíduo com a espécie, quer do cidadão racional com a constituição, pois em ambos os casos o universal delimita o terreno da repetição do individual. No conjunto das ações humanas, o filósofo não encontra um *propósito próprio* e racional (*vernunftige "eigene Absicht"*), e, como não pode abandonar o princípio geral da teleologia, cabe-lhe indagar se, por detrás de cada ação, não existe um propósito da natureza como um todo (*Naturabsicht*) (*Idee*, A, 387). É nesse sentido que a *história dos homens se diferencia por completo da história da humanidade* (*Rx*., 1.499); só nesta última torna-se possível encontrar a articulação dum sistema, uma regularidade escondida por detrás da legitimidade tanto teórica quanto moral de cada ação.

Toda criatura está dotada de disposições naturais (*Naturanlagen*), destinadas a desenvolver-se completamente e conforme a um fim. Este princípio é corroborado pela observação do comportamento animal, mas como princípio implica uma extrapolação, exigida pelo funcionamento reflexionante do intelecto; sua verificação fica situada no contexto geral da relação dos fins. Entre os homens, porém, na medida em que essas disposições são postas em função da razão, elas deixam de encontrar um desenvolvimento cabal no indivíduo, necessitando da espécie como palco onde possam cumprir seu destino. Convém que nos demoremos nessa proposição kantiana. Também entre os animais, cada indivíduo não encarna todos os traços da espécie, as diferenciações sexuais o testemunham. Mas o todo se realiza *completamente* numa multiplicidade de indivíduos, que se articulam para, de geração a geração, desdobrar uma organização prévia. Este é um ponto essencial no pensamento biológico de Kant, que não acredita na possibilidade duma passagem contínua da coisa inanimada ao ser vivo. Cumprindo uma exigência de nosso intelecto, este precisa ser pensado como provido duma organização originária, dum germe, cuja origem é impossível de ser pensada. Pressuposto que não constitui uma incursão além dos limites da experiência, mas advém desses próprios limites como condição de inteligibilidade do organismo (Lebrun, 1970, 457). É nesse sentido que uma "força vital", autóctone e autônoma, serve de ponto de partida para desdobramentos futuros, mas epigênese não se identifica com preformacionismo, porquanto o desenvolvimento dessa força vital se faz por meio duma seleção, duma adaptação ao mundo ambiente, onde têm lugar tateamentos, sucessos e fracassos. O desenvolvimento não resulta da atividade do Deus artesão que teria previamente traçado as fronteiras do florescimento do germe, duma teodiceia que sondasse teoricamente os desígnios do criador, mas da verificação duma ordem que necessita, para ser pensada, do pressuposto reflexionante duma ordenação prévia, cuja efetividade depende do encontro de condições ambientais favoráveis.

Daí a importância da história como a única investigação capaz de, ao menos, esboçar o caminho percorrido, daí a urgência de entender o nascimento duma figura que o biólogo se acostuma tão só a descrever. Essa história, como elucida Kant em sua *Physische Geographie*, não pode abarcar a natureza inteira. Uma história da natureza, digna desse nome, enfaixaria *todos* os acontecimentos naturais, tais como ocorreram através do tempo, num único relato, mas isto sabemos ser impossível. A impossibilidade de alcançar esse todo nos força a prestar atenção em seus fragmentos: se explicarmos como as diferentes raças de cães provieram duma cepa comum e quais as modificações que esta sofreu à medida que cada animal se adaptava aos diferentes climas e ambientes, obteremos a história da natureza dos cães – e o mesmo poderia ser feito no que respeita a toda outra parte singular da natureza, por exemplo, as plantas (*Ph.G.*, 161-2).

Tudo isso se altera com o advento dum ser racional; o homem promove uma história *sui generis*. Torna-se outro o conceito de devir e de movimento, pois a razão, definindo-se como "o poder (*Vermögen*) que estende as regras e os propósitos que presidem o uso de todas as suas forças muito além do instinto natural", não pode "conhecer limites a seus projetos" (*Idee* A, 389). Nesse uso reside a diferença capital. Uma disposição animal simplesmente se desdobra, mas o homem racional *usa* de suas próprias disposições, pode transformá-las em objeto de sua própria ação. Desse modo, o tateamento, os sucessos e os fracassos adquirem nova dimensão, pois, além de amoldarem a seu meio o organismo *como um todo*, fazem com que o indivíduo cristalize *cada experiência* que lhe serve de material para novas tentativas. Essa destruição da organização originária demanda sua substituição noutro plano, na temporalização da espécie.

> *Por isso cada homem deveria gozar duma vida ilimitada* (unmässige länge*), a fim de aprender como deve fazer uso completo* (vollständigen*) de todas as suas disposições naturais* (Idee *A, 389).*

De novo, uma espécie de princípio da determinação completa da ação intervém no sentido de forjar um postulado inédito. O indivíduo não está apenas sendo empurrado no sentido de desdobrar totalmente suas disposições naturais; além disso, porque é racional, precisa *aprender a usar todas elas* e não tão somente algumas. Como isso não se torna possível no curto espaço duma vida, que possui a medida da morte, cabe transferir para a espécie o processo ilimitado de aprendizagem. Caso contrário, haveria dispositivos inúteis, em contraste com o princípio de que a natureza não faz nada em vão.

Sublinhemos a nova relação que o indivíduo trama com o universal. Cada organismo integra suas partes num todo posto como fim natural, de tal forma tecido que se repõe na medida em que ressurge num outro. A reunião de todos os indivíduos pelo *elo da geração* forma a espécie. Mas além de fim natural do homem é escopo da natureza, que o cria como um ser dotado de razão. Dado isso e o princípio geral da teleologia, fica o indivíduo humano impossibilitado de efetuar suas disposições naturais unicamente por esse elo natural. Primeiramente porque se altera o próprio sentido de uma individualidade, que surge vinculada por uma finitude que não tinha cabimento no plano anterior. Com efeito, deixando de agir instintivamente, a *criatura* racional tem necessidade de ensaiar, de instruir-se, enfim, de abrir um espaço de indefinição onde possa aperfeiçoar seus próprios dispositivos. Já que isto se torna impossível para um indivíduo de vida limitada, surge a espécie como quadro infinito em relação ao qual cada um se move. Espécie, contudo, que perde a estruturação originária característica do animal. Mas no que consiste esse aperfeiçoamento? Vejamos o que diz a terceira proposição do texto: a própria natureza quer que cada um dos homens tire de si mesmo tudo aquilo que ultrapasse a ordenação mecânica de sua existência, já que este não age nem por instinto nem por conhecimento inato. É importante frisar que "tirar de si mesmo" (*aus sich selbst herausbringen*) não é um "produzir" (*hervorbringen*), consistindo antes de tudo em trazer para a superfície algo que se estrutura por esse processo de exteriorização. É bem verdade que a natureza, usando economicamente de seus recursos, faz com que o homem tenha apenas as mãos como o intermediário de sua relação com a natureza. Mas tudo o que alegra sua vida, a penetração de sua vista (*Einsicht*), sua esperteza (*Klugheit*), a própria boa índole de sua vontade devem ser obra (*Werk*) dele próprio. Mas não há nessa obra qualquer traço de fabricação, de constituição dum objeto exterior que sirva de ponto de referência a unificar a pluralidade dos atos. Pois o que importa para Kant não é o trabalho do homem, mas a atuação finalizada da natureza, onde tudo se passa como se ela quisesse que ele caminhe da rudeza mais primitiva para a maior "habilidade" (*Geschicklichkeit*), associada ao "aperfeiçoamento de nosso modo de pensar". Qualquer atividade exterior, inclusive o trabalho, aqui ganha importância unicamente na medida em que desenvolve em cada indivíduo uma capacidade técnica, uma potência formal de operar sobre a realidade, e que se transmite de geração a geração. Tanto é assim que esse processo se arma para que valha muito mais a "autovalorização racional" do homem do que seu bem-estar, muito mais a dignidade do operar do que a operação efetiva, capaz de criar objetos que possam satisfazer suas necessidades. Um formalismo muito semelhante ao da moral funciona na determinação do progresso da ação.

A sociabilidade insociável

O que vem a ser, contudo, desenvolvimento? Para combater a monadologia leibniziana, que fecha cada indivíduo numa totalidade representativa sem janelas, Kant introduz o conceito de grandeza negativa. Para a mônada, a ação nada mais é do que o esmiuçar dos predicados atribuídos a uma substância, previamente definida dum ponto de vista lógico. Segundo a regra da identidade, Kant concebe que uma consequência derive dum princípio que passa simplesmente a explicitar aquilo que já contém. Como explicar, entretanto, que algo modifique algo, influa noutro, deixando, portanto, a identidade apenas pressuposta, mas requerendo que o movimento não esteja mais tão só ligado pela *contradição* (*Neg.G.*A, 3, 68-9)? Distinguindo o fundamento real do fundamento lógico, admitindo que, além da oposição formada pela afirmação e pela negação, exista uma *oposição real*, uma repugnância efetiva entre as coisas, que ocorre quando duas formas existentes são tomadas de tal modo que uma suprime a consequência da outra. No plano da Física, isto equivale a supor que toda força de expansão seja contrabalançada por uma força de retração; no plano da Biologia, que uma disposição natural positiva comporte uma disposição natural negativa e assim por diante, porquanto o princípio vale tanto para as forças da natureza quanto para as representações ou qualquer atividade de nossa alma (*Neg.*G.A, 44). Compreendemos o papel que a *resistência* desempenha no desdobramento das disposições naturais. No que, porém, essa resistência difere quando aplicada ao domínio duma ação racional do homem? A fórmula que Kant empresta à sua quarta proposição é muito significativa:

> *O meio pelo qual a natureza se serve para levar a cabo* (zu tande zu bringen) *o desenvolvimento de todas as suas disposições é o antagonismo delas no seio da sociedade, na medida em que este é, no final das contas, a causa duma ordenação regular dessa mesma sociedade.*

Como se vê, o antagonismo não diz respeito exclusivamente às disposições naturais da espécie humana, mas a todas aquelas da natureza que se completam graças às oposições reais encravadas no homem e manipuladas por ele. Isso se explica por sua posição como fim último da natureza, que o dota da capacidade de transformar todas as coisas em meios de sua sobrevivência. Não só tudo é posto em função do homem, mas encontra nele sua determinação completa, de sorte que a própria natureza se serve duma de suas criaturas para alcançar o arredondamento de suas determinações. No entanto, ainda nessa altura, o ponto de chegada continua ambíguo, pois não sabemos como a oposição real, causando uma ordenação regular (*gesetzmässigen Ordnung*) da natureza, empresta a essa ordem tanto o caráter de sistema quanto aquele caráter de legalidade moral. Não é o escopo efetuado pela constituição cosmopolita, não é a conformação suprassensível da natureza que lhe dá o modo de ser mais perfeito? Que virtudes devem possuir os conflitos das disposições naturais do homem para permitir, finalmente, estabelecer a ponte entre o dever e o ser?

O antagonismo peculiar à espécie humana, aquele capaz de subordinar todas as outras oposições reais, é a *sociabilidade insociável* (*ungesellige Geselligkeit*). O instinto de sociedade é contrabalançado por uma propensão ao isolamento, mas isso unicamente porque cada um, ao mesmo tempo que é atravessado por um vetor em direção ao outro, se coloca como fim em si, portanto como podendo, ao menos progressivamente, tirar de si mesmo as forças necessárias para manipular suas próprias tensões. Convém sublinhar que não temos apenas duas forças contrárias atuando num mesmo plano e que poderiam se anular e confinar cada indivíduo num imobilismo. O instinto de sociedade força o indivíduo a se associar com outro e, em contraparte, é o indivíduo como um todo racionalmente existente que domina suas tendências e as põe em função de seus interesses egoístas. De um lado, um simples vetor, de outro uma atividade reflexionante e totalizante, que se opõe à tensão do instinto. Mas, a despeito dessa diferença, que distância percebemos entre este conflito daquele clássico onde ventos contrários levam e trazem um navio entre dois portos? Mas ainda estamos longe do porto a partir do qual funcionará a negação da negação hegeliana, porquanto nenhuma das forças em choque, a sociabilidade ou a insociabilidade, possui negatividade própria.

Qual é o segredo, porém, para que essas forças não se anulem, ou uma vença a outra, relegando-a para o lado da mera virtualidade? Kant cita pássaros de mesma espécie que, sendo suscetíveis de viver em diversos climas, possuem o germe para o desenvolvimento duma nova camada de penas, que somente se desenvolveria caso o animal passasse a viver sob baixa temperatura (*RM*.B, 131). Por que isso não ocorre com um dos lados da sociabilidade? Vejamos: toda sociabilidade é insociável e vice-versa, a efetuação duma implica a efetuação da outra. Como vimos, entretanto, o outro não é apenas uma força vital diferente, mas um todo, um fim em si nomeado João, Pedro, Paulo etc., que tende a transformar todas as coisas em meios da reposição da própria individualidade. É precisamente o novo caráter dessa alteridade que se responsabiliza pelo desencadeamento do processo histórico. Os indivíduos egoístas tratam de oferecer resistências de toda sorte (*durchgängigen Widerstande*) à sociabilidade do outro. O caráter *completo* dessas resistências, definido pelo lugar que o homem ocupa na hierarquia da criação, provoca o movimento da cultura: cada um procura tirar de si mesmo os talentos com os quais enfrentará a resistência alheia; trata, em consequência, de se aproveitar de toda forma de experiência, própria ou de um terceiro, que lhe venha aumentar sua capacidade de agir. Esse paulatino aperfeiçoamento das capacidades propicia o raciocínio e a emergência da vontade como razão prática:

> *É esta resistência que desperta todas as forças do homem... E assim ocorrem os primeiros passos que vão da rudeza para a cultura, a qual reside propriamente no valor social do homem; pois assim se desenvolvem progressivamente todos os talentos, forma-se o gosto e, por meio duma progressiva ilustração (*Aufkläruhg*), começa a fundar-se um modo de pensar que pode, com o tempo, transformar a rude disposição natural para o discernimento moral em princípios práticos determinados; desse modo, uma concordância extraída* patologicamente, *em vista duma sociedade, pode converter-se finalmente num todo moral (*Idee *A, 393).*

Como se faz, porém, essa conversão? Compreendemos que *assintoticamente* o efetivo desenvolvimento de nossa inteligência propicia o advento do Estado como um todo moral. A própria natureza, utilizando-se do desempenho dos homens, oferece a todos eles o modelo duma concórdia moral, duma sociedade patologicamente travada que evidencia a necessidade do pacto civil, mas não vemos ainda como se dá a fusão das vontades de todos numa vontade coletiva, o que depende exclusivamente do arranjo das próprias vontades. Existem certas passagens em que tudo leva a pensar que a dificuldade se resolve pelo embate dos processos teleológicos da natureza bruta.

> *Quando digo a respeito da natureza que ela* quer *que isto ou aquilo aconteça, isto não significa que ela impõe o dever de fazê-lo (o que com efeito só é possível para a razão prática que é livre de toda coerção), mas que fará ela mesma, quer queiramos quer não (*fata volentem ducunt, nolentem trahunt*) (*Z.e.F. *B, 59).*

No entanto, na mesma sentença que diz explicitamente que a natureza fará o que quer fica a ressalva de que isso não atentará contra a liberdade humana. Como resolver o impasse? Em virtude dos benefícios provocados pela guerra, vale dizer, pela oposição real operando entre os povos:

> *... todo povo encontra diante dele um vizinho que o pressiona e contra o qual deve constituir, no interior, um Estado, a fim de estar armado, como* potência *(*Macht*), para resistir-lhe (*Z.e.F.*B, 60).*

Aqui funciona, noutro nível, a mesma relação duma força que se reporta a um todo resistente. Diante da força bruta dos indivíduos somados por seus interesses egoístas, diante da cobiça duma população vizinha, uma dada população necessita organizar-se em potência, vale dizer, num Estado, para relacionar-se melhor com os outros povos. Agora não há mais saída possível: as vontades individuais se fundem numa vontade coletiva, pois esta é a melhor maneira de todos desenvolverem suas disposições naturais e, com isso, obterem a melhor capacidade de defesa: se não o fizerem correm o risco de sucumbir em face da investida do outro. Desse modo, esclarece Kant logo em seguida, a despeito de toda sua enorme dificuldade, resolve-se a questão do estabelecimento do Estado: as forças egoístas *antagônicas* são *neutralizadas,* graças ao funcionamento da oposição real. Não é preciso atentar contra o princípio da contradição, emprestar à negação da negação uma virtude criativa própria; basta levar em conta que um dos termos da oposição implica um processo de totalização em que cada indivíduo, dotado duma inteligência mínima, possa manipular suas próprias disposições naturais e, com isso, encontra um parceiro de modo que, todos juntos, sejam capazes de ameaçar o grupo vizinho. Uma sociedade patologicamente configurada defronta com outra sociedade formada do mesmo modo. A cada indivíduo interessa a maior força, por conseguinte, a força da organização republicana, que constitui o melhor contexto para que um povo alcance sua máxima potência. A instauração do Estado não depende, pois, duma comunidade de anjos; até mesmo um povo de demônios pode perceber que o Estado é a melhor forma de viver coletivamente em relação a outros povos, o lugar onde cada um pode desenvolver sua própria moralidade. Não é a ação moral dos homens que leva à fundação do Estado, mas uma boa Constituição política que promove as condições propícias à ação moral. Tudo porque, no fundo, está valendo o argumento de Hobbes: o forte, por maior que seja sua força, está sempre à mercê da astúcia do outro, o qual pode tramar contra sua vida. Somente para Kant as relações não são mais entre indivíduos que teriam interesse em firmar o pacto social, mas entre sociedades já constituídas, que procuram assumir um pacto civil.

A determinação completa da ação

Todo nosso esforço foi endereçado no sentido de mostrar que a noção kantiana de história depende duma extrapolação do princípio de determinação completa, que extravasa da teoria para a prática. Cabe-nos, por fim, examinar o alcance lógico e transcendental dessa extrapolação.

Vimos que o princípio da determinação completa se reporta ao conjunto de todos os predicados possíveis de coisa. O que, porém, Kant entende por predicado e, por conseguinte, por esse conjunto? A definição tradicional de que predicado é a parte da proposição que se contrapõe a um sujeito necessita ser situada num contexto em que a proposição consiste, antes de tudo, no enunciado dum juízo como atividade *autônoma* do entendimento. Convém lembrar que para Kant o juízo, assim como o conceito, consiste numa representação de representações; o primeiro se resume na representação das relações que diversas representações mantêm entre si na precisa medida em que constituem um conceito (*L.* § 17). Esse encaixamento de representações, na qualidade de conceitos contidos uns nos outros, tem por forma a generalidade e por matéria o objeto (*L.* § 2). Este nos é primeiramente *dado* por uma intuição (*repraesentatio singularis*) e *pensado* por meio duma generalidade (*repraesentatio per notas comunes* ou *discursiva*), graças a um trabalho efetivo do entendimento (*L.* § 1). Isto quer dizer que o objeto sempre se apresenta como referente direto ou indireto duma representação, de sorte que sua definição transcendental é anterior à sua definição lógica: antes de ser aquilo que um sujeito proposicional denota, é aquilo que uma representação qualquer, seja ela sujeito, seja predicado, está a indicar. Daí a necessidade de estabelecer entre o juízo e a proposição a ponte da modalidade: uma nova atividade do espírito vem acertar um encaixamento de conceitos, suponhamos, "a mortalidade de Sócrates", para transformá-lo na proposição "Sócrates é mortal" (*L.* § 30).

É de notar que o intelecto só pode pensar uma individualidade qualquer por meio de representações intermediárias. É possível capturar Pedro por meio duma intuição, mas pensar Pedro é capturá-lo por um conceito, o que implica tomá-lo pelo modo do indivíduo singular ou ainda por outro modo estipulado pela categoria que lhe compete. O pensamento duma individualidade se faz graças à mediação de conceitos puros que, a despeito de serem estimulados pela experiência concreta, mantêm sua pureza conforme se reportam a objetos quaisquer. No entanto, esses conceitos puros, desprovidos das condições de realidade objetiva, não chegam a nos representar objetos, não possuem propriamente uma denotação. Todo conceito, aliás, tomado como tal, não denota. Se dissermos simplesmente "um corpo", estamos nos referindo, por meio de sua forma, de sua generalidade, a um punhado de objetos, os quais, contudo, não chegam a ser objetos postos, enquanto essa generalidade não for trabalhada por um conceito intermediário. Em outras palavras, só o juízo possui a propriedade de denotar, de circunscrever no campo amorfo dos objetos quaisquer da lógica, dessa generalidade indefinida postulada pelo conceito, o domínio duma denotação possível.

> *Pensar é conhecer por conceitos. Os conceitos, porém, reportam-se como predicados de juízos possíveis a alguma representação de um objeto ainda indeterminado. Desse modo, o conceito de corpo denota (*bedeutet*) algo, por exemplo, metal, que pode ser conhecido por esse conceito. Só por isso que ele é conceito, porque sob ele outras representações estão contidas, por meio das quais ele pode reportar-se a objetos. Ele é o predicado dum juízo possível, por exemplo, cada metal é um corpo. As funções do entendimento podem assim ser encontradas por inteiro se for possível expor completamente (*vollständig darstellen*) as funções de unidade nos juízos (*KrV.*A, 69).*

A acoplagem entre a lógica formal e a lógica transcendental é perfeita; as funções de unidade nos juízos podem ser *expostas* sob os quatro títulos da quantidade, qualidade, relação e modalidade. Sob este aspecto, o intelecto encontra nessa divisão em quatro o mapa de seu funcionamento. Mas isto porque desde o início a forma lógica, a generalidade, fica marcada pelo processo prévio de generalização que opera pela ponte de conceitos intermediários. Só é possível pensar um corpo porque antes já se pensou no metal corpo, no animal corpo e assim por diante. Nesta altura, fica patente a insuficiência da teoria tradicional do juízo – Wolff, Baumgarten – que desperta a reflexão de Kant: um simples encaixamento de representações não elucida a síntese necessária para que este encaixamento seja objetivo, não explica como certos encaixamentos se dão apenas no indivíduo enquanto outros valem para todos. Para Kant a solução só pode ser encontrada no movimento reflexionante do próprio eu transcendental, como condição de qualquer objetividade:

> *(...) pois um juízo nada mais é do que o modo de trazer conhecimentos dados para a unidade objetiva da apercepção (*KrV.*B, 141).*

Para nossos propósitos, contudo, não tem muita importância esta solução de última instância; interessa sublinhar, pelo contrário, que, no encaixamento dos conceitos constituintes do juízo, a forma sujeito não abole o caráter predicativo do conceito que ocupa este lugar. O que significa então reportar-se a objetos se esta referência não brota do lugar do predicado? No fundo, é a própria ideia de "estar contido em" que sempre conserva seu lado psicológico; até mesmo o juízo analítico, que se resume na explicitação da identidade entre o sujeito e o predicado, consiste na *tomada de consciência do diverso que é pensado nele* (*KrV.*B, 11).

Tudo isso fica mais claro se compararmos a teoria do juízo, defendida por Kant, com as teorias modernas. Hoje é possível interpretar semanticamente a proposição "O metal é um corpo", ao menos, de duas maneiras. Segundo a primeira, "metal" é um nome que se reporta a um *objeto* metal, pouco importando se tal objeto se cliva numa classe de objetos físicos individuais ou se diz respeito a um atributo que se encarna em várias coisas. O caráter de objeto daquilo que é referido pelo nome advém da sua posição de sujeito, de constituir o ponto de referência objetivo a que o predicado corpo se reporta. É bem verdade que, na proposição "O ferro é um metal", o predicado metal é dito do objeto ferro, assim como pode ser dito do níquel, do ouro e assim por diante. Mas o predicado perde esta sua abertura para vários objetos tão logo assume a função de sujeito, porquanto sua objetividade não lhe advém de sua relação com uma intuição possível, mas exclusivamente por constituir o fundamento da predicação. A objetividade nasce da quebra de nível pelo qual um predicado passa a reportar-se a um objeto denotado pelo nome sujeito. Numa segunda interpretação, "O metal é um corpo" é previamente traduzido por "(x) Se x é metal então x é corpo". A predicabilidade dos dois conceitos é assegurada de antemão, mas graças à clausura da variável, de modo a que seu domínio seja discernível de outro domínio. Conforme supusermos este ou aquele domínio da variável, contrairemos certos compromissos ontológicos, de sorte que desde logo não mais podemos indagar se um ente que pertence ao domínio dos números reais é ou não colorido.

Por mais que para Kant a representação esteja vinculada ao representado, a forma do conceito, por consistir numa generalidade que conserva as etapas de seu processo de abstração, implica uma abertura para vários objetos possíveis, cujo domínio não fica estipulado previamente. Daí a importância da noção de *determinar*, que relembra formalmente os passos da abstração passada.

> *Determinare est ponere predicatum cum exclusione oposti. Quod determinat subjectum respectu predicati cuiusdam dicitur ratio (*ND, *pro. IV).*

Uma lógica, que opera com a complicada noção de variável, prescinde desta função de determinar: a individualidade dos objetos do campo semântico fica assegurada de antemão, como uma individualidade *para si*, onde um objeto é estritamente igual a outro dum *dado ponto de vista*, embora seja "numericamente" diferente de todos os seus comparsas. Como para Kant isto não acontece, a predicação implica a manipulação simultânea de opostos. Daí a importância do princípio da determinabilidade. Se um conceito só cumpre suas funções denotativas por meio de outro que está contido nele, fica indeterminado em face de todo outro conceito que não possui essa propriedade. No nível da lógica, o objeto é qualquer; não possui nenhuma travação semântica que o põe como objeto da experiência, ou como o objeto da ideia, determinado como aquele que vai além dessa experiência, ou ainda como o objeto possível pela causalidade da ação. Esse objeto simplesmente visado por um *possível* encaixamento de conceitos fica indeterminado por qualquer outro conceito que não esteja incluído nesta possibilidade de encaixar. Se essa situação permanecesse, ficaria comprometida a unicidade desse mecanismo de inclusão de conceitos, destruindo tanto o caráter arquitetônico da razão quanto a própria natureza mais íntima do juízo, a possibilidade de vinculá-lo à unidade da apercepção. No fundo, o princípio da determinabilidade diz meramente que um encaixamento de conceitos qualquer pode prolongar-se ao infinito, graças à possibilidade de incluir no seu seio quer o conceito, quer sua negação. E, desse modo, os objetos sofrem uma primeira partição, entre aqueles que podem ser subsumidos a uma cadeia de conceitos qualquer e aqueles que não o podem.

A razão lógica funciona, de um ponto semântico, de modo a dicotomizar. A reformulação por que passa o princípio da contradição, no pensamento de Kant – "a nenhuma coisa (*Dinge*) convém um predicado que o contradiga" (*KrV*.B, 190) –, revela desde logo que o princípio vale como um instrumento pelo qual um predicado se reporta a um sujeito, o qual, desde o início, é visto numa união profunda com o conceito desta coisa, de modo a permitir que aquilo que já foi dito implicitamente no sujeito não se repita, negado, no predicado que lhe advém. O princípio de contradição equivale ao princípio do terceiro excluído e pressupõe, como núcleo irredutível, a identidade do sujeito em questão.

Basta esta coisa ser tomada no nível da existência para que o princípio se converta naquele da determinação completa. Isto porque a existência ganha, no kantismo, uma plenitude que a diferencia duma determinação qualquer. Desde que o conceito demonstre, no próprio funcionamento de sua generalidade e espontaneidade, a urgência de sua vinculação com um singular representado, o existente é mais do que o mero conceitualizar que sempre o captura pelo viés da possibilidade de sua determinação. Para a coisa, uma existência é *ratio* da determinação.

> *Um triângulo é possível pela realidade do espaço e sua possibilidade consiste naquilo que se limita nesse espaço. A possibilidade é pois um conceito derivado, não da efetividade dessa coisa, mas da efetividade que contém os dados primeiros para as coisas em geral. Em todas as coisas limitadas, a possibilidade precede a efetividade (*Wirklichkeit*), porque a realidade (*Reallität*) dada para as coisas precede o fato de limitá-las (*Rx., *4.247).*

A limitação da coisa, o processo de sua diferenciação, opera na base duma existência prévia que, do ponto de vista do intelecto, surge como uma espécie limitando a diferença. Daí o oposto mobilizado pela determinação consistir numa contrariedade: esta coisa branca existe como tal graças à sua existência como cor, o que limita a determinação de branco diante de seu contrário não-branco. Não mais se trata, durante o funcionamento do princípio da contradição, da oposição entre os objetos brancos e os não-brancos. No entanto, a razão possui a tendência natural de buscar o incondicionado. A presença da coisa que remete a outra existência só pode ser *pensada* mobilizando o pensamento de *todas* as determinações possíveis de coisas, varrendo tudo aquilo que pode ser conceitualizado a propósito desta existência e de todas aquelas que a determinam. Obviamente esta totalidade é uma condição do pensar a coisa existente, aquilo que empresta perfeição a esse pensamento, mas como pensamento não pode simplesmente ser dada como um existente. A infinidade é condição de pensar a finitude do existente, mas desse modo o finito é posto no contexto da contradição: a coisa é pensada como existente por meio da comparação transcendental dela mesma com todo o resto dos predicados possíveis de coisa.

Observemos, primeiramente, o caráter desse conjunto de todos os predicados. Aparece tão só como a condição para comparar a coisa com seus predicados; sua individualidade não é mais do que aquela que se resolve na somatória dos predicados necessários a essa comparação. Não se constitui assim por todos e quaisquer predicados de coisas, mas naqueles primeiros, dos quais outros possam ser derivados de maneira direta ou indireta. Configura um "conceito completamente determinado *a priori*", cuja matéria não é mais um objeto qualquer ligado a uma experiência possível, mas algo que a extravasa de muito; configura o "conceito dum objeto completamente determinado pela simples ideia", valendo tão somente como um "ideal da razão pura" (*KrV*.B, 602). No fundo, o conhecimento da coisa individual, da coisa individualizada pelo pensamento marcado pela intuição empírica, fica na dependência duma individualidade suprassensível tomada como protótipo. No processo de constituição da coisa pensada, não é apenas a individualidade do *cogito* que se transfere para a coisa em si igual a x; todo ente ganha sua entidade pelo pressuposto transcendental da individualidade absoluta do *ens realissimum*, cuja existência é postulada somente como princípio regulador. Nesta qualidade, não configura um conjunto existente para uma teoria, o que o livra das armadilhas do paradoxo de Russell.

Em segundo lugar, cabe lembrar que o princípio da determinação completa situa as coisas numa comunidade peculiar.

> *Por esse princípio (...) toda coisa é pois reportada a um correlato comum, a saber, a possibilidade total, que (sendo a matéria de todos os predicados possíveis), se necessitar ser reencontrada na ideia duma coisa única, deveria provar uma afinidade de todo o possível pela identidade do fundamento das determinações completas dele (*KrV.*B, 600, nota).*

Ao contrário da determinação dos conceitos, continua o texto, a qual situa cada um deles numa oposição sem mediação, a determinação integral das coisas faz com que cada uma delas participe dum fundamento comum, duma totalidade (*universitas*), diferente da universalidade do conceito. Todas as coisas existem de uma única maneira na qualidade de coparticipantes dum fundamento comum; é nesse sentido que se tornam comparáveis (Lebrun, 1970, 140).

Essa comparabilidade se explicita pela terceira analogia da experiência. A substância, que deixou de ser definida no nível lógico como suporte da predicação, ressurge como aquilo que o mecanismo representativo dos conceitos descobre de permanente quando ele se confronta com as formas da intuição. Uma coisa permanente no tempo, determinada como substância, relaciona-se com outra pela causalidade: uma determinação da substância A é causa da determinação da substância B. Esta relação, entretanto, é insuficiente para distinguir substâncias simultâneas. Duas coisas são ditas simultâneas quando a percepção duma pode suceder à percepção de outra e *reciprocamente*. Ora, imaginemos duas coisas totalmente isoladas; perceberíamos primeiro uma e depois outra e nosso olhar oscilaria duma para outra sem que nunca fosse possível optar por sua contemporaneidade. Isso só se torna possível se postularmos, além do mais, alguma coisa pela qual A determina o lugar de B no tempo e *vice-versa*; por essa via todas as substâncias passam a participar duma *comunidade* dinâmica. A afinidade das coisas no nível conceitual, postulada pelo princípio da determinação completa, consolida-se no nível da percepção possível, do conceito ligado à intuição do tempo, como um *comércio* pelo qual todas as coisas estão influindo direta ou indiretamente umas nas outras (*KrV*.B, 257 ss.). Assim fica assegurada a inter-relação efetiva das coisas, por conseguinte, o seu movimento como o primeiro passo duma história.

O que vem a ser, no entanto, a determinação completa duma ação? A representação não cumpre apenas funções cognitivas, reportando-se a objetos conforme a própria estrutura de suas determinações; configura ainda um ponto de referência para a ação. A vida é essa faculdade que um ser possui de agir segundo representações; e como o conhecer é um momento da vida, o processo da representação passa a funcionar num contexto mais amplo. De um lado, o ser vivo tem a experiência da própria vida, dum tecido de objetos que se trama na imbricação do representar e do agir, que se articula num mundo onde os homens desde logo ocupam lugar privilegiado. De outro, é ele próprio experiência dum sujeito que tanto reúne suas representações quanto se põe como eu corporal, ao mesmo tempo sensível e inteligível. O fosso entre o conceito e a intuição desaparece para dar lugar ao primado do ponto de vista pragmático que Krüger (1961) soube tão bem salientar. Em consequência disso, o princípio da determinação completa se desloca para o nível do *uso* que um ser racional faz do próprio entendimento. Em outras palavras, a determinação completa da coisa se converte no *problema do emprego completo* desse princípio, que, na sua completude, abrange simultaneamente o lado teórico e prático.

A despeito de todos os seres vivos serem capazes de agir segundo representações, somente o homem, como ser racional, age segundo a representação de leis, vale dizer, da vinculação necessária de representações. Ora, para que se obtenha essa necessidade cabe excluir qualquer representação da coisa, cuja contingência macularia para sempre a representação da lei. Já no plano teórico, o primeiro passo nesse sentido é dado pela análise das categorias do entendimento que, de um lado, a despeito de se reportarem a objetos, os tomam como objetos em geral; de outro, se estão ligadas às coisas, o fazem de tal maneira que só importam a forma espacial e a forma temporal. O passo, porém, que mais nos diz respeito, é aquele dado pelo imperativo categórico: a ação é moralmente válida se se separar de qualquer meta proposta. Notável é que um de seus resultados é a *determinação completa* (*Vollständige*) *de todas as máximas* (*Gem.*A, 80), de todas as representações subjetivas capazes de orientar a conduta. Esta determinação é feita pela determinação dos conteúdos representados. Vimos como eles se articulam num sistema e, finalmente, num reino de fins. Agora o que nos interessa é estudar como o modo de existência da objetividade prática estipula um relacionamento *sui generis* da representação e seu conteúdo, que termina por modificar o próprio sentido da determinação e de sua completude.

Sabemos que o agente somente pode comportar-se se sua máxima, a representação desse seu agir, tenha a validade duma lei universal; para isso necessita ter diante de si a representação duma lei natural. Sem essa mediação não é capaz nem de entender o que seja uma lei, nem de se colocar como legislador, isto é, como sujeito existente completamente autônomo. A essa passagem pela lei Kant denomina tipo da razão prática, cujo funcionamento é semelhante ao esquematismo da razão pura. O conceito de cão significa uma regra pela qual minha imaginação, suscitando imagens dos cães mais diversos, exprime a figura dum quadrúpede sem se limitar a alguma coisa em particular dada em concreto. Um conceito, porém, como a quantidade ou a qualidade, não pode socorrer-se de imagens, porquanto, sendo puro, reporta-se unicamente a um objeto qualquer. Como é possível, contudo, que conceitos puros se apliquem a coisas empíricas, que as coisas sejam contadas e determinadas qualitativamente? Como cobrir essa heterogeneidade entre o conceito puro e suas intuições empíricas? Graças a um mecanismo, ou melhor, a uma representação dum processo geral da imaginação que conforma uma imagem conveniente ao conceito puro. O esquema é esse produtor de imagens, de representações que, desdobrando-se na temporalidade interna do sujeito, são aglutinadas numa espécie de monograma da imaginação pura *a priori*. A imagem pura de todas as grandezas para o sentido externo, elucida Kant, é o espaço: o próprio tempo é a imagem de todos os objetos dos sentidos em geral. Mas o esquema puro da quantidade é o número, enquanto representação a reunir a sucessão aditiva duma unidade a outra unidade homogênea; consiste basicamente na unidade da síntese da multiplicidade duma intuição homogênea em geral, por meio do que o sujeito *produz* o próprio tempo na apreensão da intuição (*KrV*.B, 176 ss.). Kant está emprestando àquilo que os matemáticos modernos chamam de relação de sucessor o caráter dum trabalho transcendental responsável pela junção duma unidade a outra. Os lógicos de hoje partem da unidade prévia dum conjunto e sobre ele definem uma relação de tal ordem que uma unidade fica acrescentada à primeira tomada como ponto de partida. Sem a garantia da unidade da classe, Kant necessita recorrer a uma *regra*, manipulada por um eu presente, de modo a adicionar uma unidade a outra. Daí a passagem necessária pelo tempo, que, de um lado, surge como forma pura da intuição, de outro, como imagem produzida pela própria regra que toma a forma pura a fim de escandi-la segundo um ritmo determinado: a passagem de um a um.

O tipo se separa dessa vinculação imediata com a imagem. Na verdade, a ação, como agir conforme representações, não dispensa um lado teórico que conheça a vinculação de objetos como resultados possíveis da conduta; neste momento funciona o esquematismo, já que tais resultados são ao mesmo tempo numênicos e fenomênicos. Por mais espontânea e livre que venha a ser uma ação, desencadeia consequências possíveis cuja articulação também pertence ao mundo natural. As imagens, entretanto, permanecem como se estivessem entre parênteses, pois o importante é o caráter de necessidade pelo qual elas se imbricam numa lei.

> *Segue-se que a lei moral não dispõe de qualquer outra faculdade de conhecer permitindo sua aplicação a objetos da natureza do que o entendimento (não a imaginação), o qual pode submeter-se, como lei para a faculdade de julgar, a uma ideia da razão e não a um esquema da sensibilidade, mas uma lei que possa ser apresentada (*dargestellt*)* in concreto *nos objetos dos sentidos, por conseguinte, uma lei natural, mas somente quanto à sua forma: daí ser possível chamar essa lei de* tipo *da lei moral (*KpV.*A, 122).*

Uma lei moral qualquer, suponhamos: "não matarás", não é tão só uma determinação da vontade autônoma; para que isso se efetive o sujeito necessita investigar as aplicações da máxima no domínio dos objetos naturais, no caso, o homem como ser sensível a quem não cabe retirar a vida. Não são porém as consequências físicas do ato que levam à determinação da máxima como lei; Kant sublinha que a comparação não conduz à moralidade, não forma o universal necessário, como ocorre com as leis naturais quando a comparação de casos particulares promove a generalidade. O que importa é a constatação duma lei a revelar a possibilidade da própria razão tomar o encadeamento das representações como necessário. Convém recordar que a razão, englobando simultaneamente um poder lógico e outro transcendental, configura um conhecimento por princípios onde o particular é conhecido no geral e isto por conceito (*KrV.*B, 357). Desse modo, sem a particularidade duma lei natural, a razão prática deixa de funcionar por falta de fundamento particular onde ela conheça sua legalidade universal. Em se tratando, porém, de razão prática, onde os objetos comparecem unicamente como objetos possíveis da ação, o que interessa não é a lei como encaixamento necessário de representações de objetos naturais, mas a forma dessa lei como caso especial evidenciando a possibilidade de a própria razão encontrar seus princípios. Sem essa exposição *(exhibitio, Darstellung)* a razão é cega.

Compreendemos por que Kant é levado a afirmar, simultaneamente, duas coisas aparentemente contraditórias: a liberdade como recusa de qualquer vínculo, como carência de lei prévia, e como algo que se impõe uma legislação própria. Tudo se resume neste jogo do prévio e do efetivo, pois a liberdade se efetua conforme a razão prática conhece no caso particular a forma de sua legalidade absoluta. Se "a necessidade da razão explica-se, pois, como universalidade da liberdade, como algo valendo para todos os seres racionais" (cf. Rohden, 1976, 2, 2), a tarefa é buscar a mediação do tipo que permite essa conjuminação.

Este processo de determinar-se a si mesmo transforma o próprio sentido da determinação; o que antes se definia como pôr um predicado com exclusão dos opostos converte-se numa forma muito especial de causalidade.

> *Ora, não se trata aqui dum esquema dum caso produzido segundo as leis, mas dum esquema (se ainda este termo continua tendo cabimento) duma lei ela mesma, porque a* determinação da vontade *(não a ação relativamente a seu resultado) somente pela lei, sem outro princípio de determinação, vincula o conceito de causalidade a condições inteiramente diferentes daquelas que constituem a conexão da natureza* (KpV.*A, 122).*

A ideia de autodeterminação implica a apreensão subjetiva do próprio funcionamento da razão, que, como tal, também exercitando-se no plano teórico, abre a possibilidade de cada um conhecer, em sua própria particularidade, sua capacidade objetiva de autodeterminar-se como legalidade. Determinar significa aqui pôr-se como objetivo, como algo que existe, devendo existir por meio de sua própria causalidade, criando o espaço de sua autarcia.

É por isso que as outras formulações do imperativo categórico apenas explicitam o caráter particular duma legislação – lei universal da natureza, humanidade, o bem soberano –, tudo a fim de ressaltar a mediação imprescindível ao movimento de autodeterminação.

Retomemos a terceira fórmula. Se houver algo *cuja existência em si mesma* possua um valor absoluto e como fim em si mesmo possa constituir o *fundamento* de leis determinadas, então este algo e somente ele estabelecerá o fundamento duma lei prática (*Gem.*B, 64). Note-se que Kant toma como ponto de partida uma existência que agora não é uma coisa, mas um ser vivo concebido duma ótica pragmática; esta é a *ratio* que serve de trampolim para uma *determinação* legal.

> *O fundamento desse princípio é a* natureza racional existente *como fim em si mesma. É assim que o homem representa sua própria existência e, neste sentido, este princípio é um princípio* subjetivo *das ações humanas. No entanto, também é assim que qualquer outro ser racional representa sua existência, em virtude exatamente do mesmo fundamento racional que vale para mim; é pois simultaneamente um fundamento objetivo, do qual, como fundamento supremo, é possível derivar todas as leis da vontade. O imperativo prático será portanto o seguinte:* Age de tal maneira que uses a humanidade, tanto na sua pessoa como na pessoa de qualquer outro, sempre e ao mesmo tempo como fim e nunca simplesmente como meio *(*Gem.*B, 67).*

A personalidade de cada um funciona, desse modo, como a *ratio* da lei prática, mas basicamente essa personalidade serve de base para que a própria pessoa conheça a possibilidade de encontrar uma legislação universal e objetiva.

Essa lei prática, entretanto, não é mais do que um dever ser. A humanidade existente em cada um precisa ser *usada* racionalmente para que se converta numa humanidade universal, cuja efetividade se dará no Estado cosmopolita. O uso dessa humanidade particular, dos caracteres de cada um como ser vivo, no sentido de cultivar a moralidade, a universalidade e a civilização, nada mais é do que a história, entendida como um processo de *Aufklärung*.

Percebemos como o espaço, que a arquitetônica kantiana abre para a história, configura, com alterações nem sempre muito significativas, o espaço daquilo que se entenderá por história, durante o século XIX até meados de nosso próprio século. Todos os seus elementos, todos os temas que serão reelaborados pelo historicismo, já estão ali presentes. Porquanto a noção de história, como história universal, não se contenta com a ênfase na inefabilidade do indivíduo, pelo contrário, toda a questão se concentra na determinação completa desse indivíduo, no esforço, feito pelo intelecto, de cernir uma singularidade irredutível. E essa singularidade ganha tanta irredutibilidade quanto a teoria da representação deixa escapar a existência como determinação intelectual. Com isso, a noção de desenvolvimento perde o cunho, visível durante toda a Ilustração, de mero desdobramento duma essência material ou daquilo que é típico no indivíduo. O esmiuçar das determinações, nos moldes da monadologia leibniziana, cede lugar a um desenvolvimento dum indivíduo cuja possibilidade, porém, fica adstrita a um espelhamento de individualidades *in fieri*: a coisa só pode ser completamente pensada se for postulado o conjunto individualizado de seus predicados possíveis; o eu que a pensa reencontra sua individualidade transcendental na individualidade da coisa em si, mas este mesmo eu pensante, como ser vivo, corporal e inteligível, regula suas ações por máximas que se determinam completamente pelo imperativo categórico, que assim obriga o eu individualizado como fim em si a comportar-se de maneira a tomar sua própria legalidade particular, sua humanidade, como o lugar onde ele reconhece a humanidade como um todo racional, que deve ser efetivada pelo movimento da história. Dizer que a história se resolve numa projeção do *cogito* e da razão clássica é contentar-se com o lado mais aparente e menos interessante desse processo, pois o que nos parece relevante é precisamente este jogo das individualidades, em particular, a reformulação do conceito de causalidade no contexto da *Darstellung*. A ênfase que se deu a Kant como crítico da razão obscureceu esta parte de seu pensamento; é sintomático que o livro clássico de Meinecke sobre o historicismo não contenha um capítulo sobre o filósofo. Não nos moveu, neste ensaio, o intuito de reparar uma injustiça – outros já o fizeram com brilho –, mas sobretudo aquele de recordar uma questão a partir da qual o problema da história deixa de ser confinado ao dilema cujos polos são, de um lado, o desdobramento duma essência material, de outro, a afirmação irredutível duma individualidade. Se a tipologia kantiana é, como salienta Krüger, uma teoria inacabada, não é por isso que seu inacabamento deixa de indicar a vereda por onde começaremos a repensar a questão da história, enriquecidos com as experiências e os instrumentos modernos. O *comercium*, posto pelo princípio da determinação completa, não adquire novas dimensões conforme a tipologia da *Darstellung* termina por recolocar a pergunta pelo próprio princípio da individualização?

Refletir sobre a história equivale, pois, a repensar esse princípio, levando porém em consideração os percalços que o próprio Kant nos ensina a enfrentar. Por certo, começar desde o início pondo entre parênteses a teoria da representação, não perdendo contudo de vista que o comportamento humano antevê alguns de seus resultados como objetos possíveis da causalidade que ele próprio instaura. Daí a urgência de retomar a pergunta sobre o vínculo que o caso concreto estabelece com essa visão anteposta, cernir o lugar onde uma legalidade representada se *expõe* a fim de encontrar-se a si mesma como legalidade universal. A crítica da história, que evita questões dessa monta, deixa de ser o pensamento da história para recusar o próprio sentido da questão por meio dum discurso que nada tem a ver com ela. É como negar a imobilidade do ser, movendo-se diante do interlocutor, quando o melhor nos parece questioná-lo na raiz de seus próprios termos, à medida que cabe aproximar-se efetivamente dele e arrancar o tapete sob seus pés.

Referências

Kant, Immanuel

Gebrauch tP – *Über den Gebrauch teleologischen Prinzipien in der Philosophie*, Werke, Insel Verlag, 1956.

*Gem.*A – *Über den Gemeinspruch*: Das Mag in der Theorie richtig Sein, *taugt aber nich für die Praxis*, Werke, VI.

Idee – *Idee zu einer Allgemeinen Geschichte in Weltbürgerlicher Absicht*, Werke, VI.

KpV – *Kritik der praktischen Vernunft*, Werke, IV.

KrV – *Kritik der reinen Vernunft*, Werke, II.
KU – *Kritik der Urteilskraft*, Werke, V.
MS – *Metaphysik der Sitten*, Werke, IV.
Neg.G – *Versuch den Begriff der Negativen Grössen in die Weltweisheit Einzuführen*, Werke, 1.
PG – *Physische Geographie*, Kant's Gesammelte Schriften, Ak. A. IX.
RM – *Von den verschiedenen Rassen der Menschen*, Werke, IV.
Rel. – *Die Religion innerhalb der Grenzen der blossen Vernunft*, Werke, IV.
Rx. – *Reflexionen*, Kant's Gesammelte Schriften, Ak. A.
SF – *Der Streit der Fakultäten*, Werke, VI.
Z.e.F. – *Zum ewigen Frieden*, Werke, VI.

Herrero S. J., Francisco Javier – *Religión e Historia en Kant*, Ed. Madrid, 1975.
Lebrun, Gérard – *Kant et la Fin de la Métaphysique*, Paris, Armand Colin, 1970.